영화 읽고 수업하고, 수업하며 영화 읽기 ❷

완두콩 배의 롤라
- 평화 수업 디자인 -

영화 읽고 수업하고, 수업하며 영화 읽기 ❷

완두콩 배의 롤라

발행일   2019년 7월 3일

지은이   사각형프리즘
펴낸이   손형국
펴낸곳   (주)북랩
편집인   선일영   편집   오경진, 강대건, 최승헌, 최예은, 김경무
디자인   이현수, 김민하, 한수희, 김윤주, 허지혜   제작   박기성, 황동현, 구성우, 장홍석
마케팅   김회란, 박진관, 조하라
출판등록   2004. 12. 1(제2012-000051호)
주소   서울시 금천구 가산디지털 1로 168, 우림라이온스밸리 B동 B113, 114호
홈페이지   www.book.co.kr
전화번호   (02)2026-5777   팩스   (02)2026-5747

ISBN   979-11-6299-782-6 04370 (종이책)   979-11-6299-783-3 05370 (전자책)
       979-11-6299-786-4 04370 (세트)

이 도서의 국립중앙도서관 출판예정도서목록(CIP)은 서지정보유통지원시스템 홈페이지(http://seoji.nl.go.kr)와
국가자료공동목록시스템(http://www.nl.go.kr/kolisnet)에서 이용하실 수 있습니다.
(CIP제어번호: CIP2019025391)

(주)북랩 성공출판의 파트너

북랩 홈페이지와 패밀리 사이트에서 다양한 출판 솔루션을 만나 보세요!

홈페이지 book.co.kr · 블로그 blog.naver.com/essaybook · 원고모집 book@book.co.kr

이 책은 '유네스코 영화 창의도시 부산'의 지원으로 출판되었습니다.

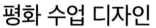

영화 읽고 수업하고, 수업하며 영화 읽기 ❷

평화 수업 디자인

완두콩 배의 롤라

사각형프리즘 지음

북랩 book Lab

영화와 함께하는 평화 수업

'백 번의 설교보다 동화 한 편이 낫다'는 말이 있습니다. 한국 동화작가를 대표하는 권정생 선생님 말씀이지요. 권정생 선생님은 젊어서 늑막결핵을 앓게 되어 죽음의 문턱까지 갔다가 겨우 살아나서 동화 『강아지똥』, 『몽실 언니』, 『엄마 까투리』를 비롯해 주옥같은 동시와 동화를 쓰셨습니다. 이 세 편 모두 영화로 만들어져서 많은 사람이 볼 수 있고, 보는 사람들 마음을 짠하게 울립니다. 저는 이 영화(애니메이션)를 보면서 '동화 백 권보다 영화 한 편이 낫다'는 생각을 했습니다. 좋은 동화가 영화로 잘 만들어졌을 때 그 감동은 배가 되고, 그 영향 또한 몇 배로 커집니다. 그런 의미에서 좋은 동화를 바탕으로 좋은 영화가 많이 만들어져서 어린이와 청소년들이 마음껏 즐길 수 있게 된다면 좋겠습니다.

올해부터 학교 교육에서 '한 학기 한 책 읽기'가 교육 과정에 들어갔습니다. 반가운 일이지요. 앞으로 더 멋진 교육이 되려면 '영화 읽기'도 학교 교육 과정에 정규 수업으로 들어가야 할 것입니다. 그러나 이상하게도 전 세계에서 영화를 많이 보는 나라에 속하는 우리 사회에서는 아직 영화를 교육과 연계시키지 못하고 있습니다. 그런 의미에서 사각형프리즘 교사들이 몇 년째 하고 있는 이 작업 ─ '영화 보기'에서 한 걸음 더 나아가 '영화 읽기'에 도전하고, 영화를 교육 자료로 활용하기 위해 다양한 길을 만들어 보는 ─ 은 상당히 뜻깊은 일이라고 생각합니다.

〈완두콩 배의 롤라〉는 부산국제어린이청소년영화제 2016년 개막작입니다. 이혼과 난민이라는 결핍 요소를 갖고 있는 가정에서 자라는 두 아이와 주변 사람들의 관계를 통해서 '평화란 무엇인가?', '소극적 평화에서 적극적 평화로 가는 길은 무엇일까?', '평화를 이루려면 어떻게 해야 하는가?'를 생각해 보게 합니다. 사각형프리즘 교사들은 이 책을 통하여 그 생각의 문을 열어 주는 통로를 보여 주고 싶어 하는 것 같습니다. 한 편의 영화를 깊이, 다양하게, 그리고 몸으로 느끼게 하고 생각하게 하고 내 삶을 성찰해 보게 할 수 있는 길을 보여 주고 있어 반가운 책입니다. 교육 현장에 영화라는 예술을 받아들이는 문으로 안내하는 사각형프리즘 선생님들께 박수를 보냅니다.

대한민국 101년, 2019년 5월 21일
어린이문화연대 공동대표
이주영

영화를 활용한 평화 교육 안내서

"감동적이다", "마음이 따뜻해졌다". 영화가 끝난 후 함께 본 사람들이 한목소리로 이렇게 말한다면 성공적인 영화가 틀림없다. 〈완두콩 배의 롤라〉가 그랬다. ㈜징검다리교육공동체는 부산국제어린이청소년영화제 김상화 집행위원장의 코칭으로 매달 영화 읽기 모임을 1년 넘게 해 오고 있다. 〈완두콩 배의 롤라〉는 징검다리 영화 읽기 모임의 금년 상반기 최대 화제작이었다. 영화는 11세 소녀 롤라가 엄마를 둘러싼 어른들의 세계와 부딪히며 인생의 복잡함에 직면하고 이를 받아들이는 성장과정을 보여 준다. 주인공 롤라의 눈으로 인간 안에 있는 자유, 평등, 박애와 연대의 속성을 아름답게 그려 냈다. 교실에서 함께 보고 얘기를 나누기에 더할 나위 없이 좋은 영화다.

이 책은 단순히 〈완두콩 배의 롤라〉라는 영화를 소개하거나 비평한 책이 아니다. 아이들의 소박한 영화평을 모아 놓은 책도 아니다. 그보다는 등장인물들의 캐릭터를 통해 본 영화 읽기 책이자 평화 교육의 관점에서 영화를 활용한 평화 교육 안내서다. 영화 수업은 함께 영화 보기를 넘어 함께 영화 읽기가 되어야 한다는 교육 철학에 터 잡아 사각형프리즘 선생님들이 한 학기 내내 머리를 맞대고 토론한 산물이다. 영화 읽기 책이기 때문에 당연히 영화 속의 주요 은유와 상징 등 영상 언어와 영화 문법에 대한 감수성도 길러 준다.

이 책의 교육적 미덕은 영화 얘기를 매개로 아이들의 일상생활에 대한 성찰적 얘기를 이끌어 내는 데 있다. 이 책을 바탕으로 영화 수업을 진행하면 영화 얘기에 수업 시간의 20%를 쓰고 나머지 80%는 영화를 매개로 본인들의 일상 얘기를 풀어놓게 할 수 있다. 이 책의 목적은 영화에 대한 평론가적 자세를 길러 주기보다는 영화를 화두로 공감적으로 소통할 수 있는 주체적 역량을 길러 주는 데 있다. 내가 이 책을 중요한 영화 교육 교재로 강력하게 추천하는 이유다.

2019년 6월 14일
사단법인 징검다리 교육공동체 이사장
전 서울시 교육감
곽노현

팝콘을 한 통 끼고 의자에 반쯤 기대어 낄낄거리면서 코미디 영화를 보든, 떨어지는 눈꺼풀에 힘을 주며 예술영화를 보든 극장에서 보는 영화는 부담이 없다. 내 돈 내고, 내가 보고 싶은 영화를 보는 데 무슨 거리낌이 있겠는가.

하지만 학교에서 아이들과 영화를 볼 때면 부담이 겹겹이 쌓인다. 수업 자료로 영화를 활용할 때는 두말할 것도 없고, 방학을 앞두고 재미로 영화를 볼 때조차도 아이들과 영화를 보고 나면 꼭 무슨 말을 해야 할 것 같은 압박을 받는다. 아이들도 내가 무슨 말을 시킬까 봐 눈치를 살핀다. 할까 말까 망설이다 결국 이렇게 말한다.

영화를 보니 어떤 느낌이 듭니까?
어떤 장면이 기억에 남습니까?

'교육'은 참 희한하다. 아무리 재미있는 일이라도 '교육'이 붙는 순간 유치해지거나 부담스러워지거나 무거워진다. 학교에서 영화를 활용할 때도 마찬가지이다. 울고 웃으며 영화를 즐기는 건 좋은데 거기서 끝나면 안 될 것 같은 부담을 느낀다. 어쩌면 교사만 그럴 수도 있겠지만.

수업 시간에 영화를 활용하고 싶지만 부담스러워하는 교사를 위해 지난해 봄 『버팔로 라이더: 영화 읽기 수업을 만드는 방법』을 출판했다. 우리는 이 책에서 '영화 보기'와 '영화 읽기'를 구분했다. 관객처럼 가볍게 보든, 평론가처럼 까다롭게 보든 자기 느낌에 충실하게 영화를 즐기는 건 '영화 보기'라고 이름 붙였다. 킬링 타임Killing Time이든 힐링 타임Healling Time이든 미닝 타임Meaning Time이든 부담 없이 영화를 보고 이야기하는 건 '영화 보기'라고 하면 된다. 하지만 학교 수업처럼 특별한 목적으로 영화를 활용할 때는 '영화 읽기'로 부르자고 했다. 영화 읽기는 '영화를 통해' 자신의 모습을 성찰하고 함께 살아가는 사람을 이해하며 우리가 살아가는 사회에 질문을 던지는 과정이기 때문이다. 제대로 '읽기' 위해서는 영화 언어에 대한 배경지식도 필요하다.

사각형프리즘은 2008년부터 영화를 통해 '삶을 탐구하는' 연구를 이어 왔다. 우리는 아이들과 영화를 읽으며 삶의 의미, 삶을 보는 시각, 살아가는 기술을 탐구하는 수업을 개발하고 적용했다. 『버팔로 라이더: 영화 읽기 수업을 만드는 방법』에서는 사건과 줄거리 그리고 표면적인 교훈 찾기로 영화를 보는 관점에서 벗어나 영화에서 삶을 읽어내기 위한 다섯 가지 관점을 소개했다. 이 책에서는 그중에서도 '캐릭터로 영화 읽기'를 중심으로 영화 읽기 수업을 진행할 수 있는 구체적인 방법과 사례를 제시했다.

『완두콩 배의 롤라: 평화 수업 디자인』에서는 '은유와 상징으로 영화 읽기'를 중심으로 '평화의 개념'과 '평화롭게 살아가는 방법'을 탐구한 경험을 담았다. 영화를 이미지의 집합이라고 한다면 영화에 나오는 모든 이미지와 소리는 제각각 의미를 가진 '기호'이다. 영화 속 수많은 '기호'들은 특정한 방식으로 결합하면서 의미를 만든다. 일상어와 시어가 다르듯 영화 언어도 규칙(영상 언어, 영화 문법)을 가진다. 시에서 '깃발'을 '소리 없는 아우성'으로 표현한다면 영화에서는 '깃발 숏 → 묵묵히 행진하는 군중 숏 → 깃발 숏'과 같은 이미지 결합으로 나타낼 수 있다. 황순원의『소나기』에서 소나기를 성장통이나 통과의례를 나타내는 상징으로 해석한다면 봉준호 감독의 〈옥자〉에 나오는 옥자는 생명과 공생으로 해석할 수 있다. 영화 속 이미지와 소리(기호)를 탐구하고 해석하는 과정이 '은유와 상징으로 영화 읽기'이다.

『버팔로 라이더: 영화 읽기 수업을 만드는 방법』은 교실 수업을 염두에 두고 제작하였고, 『완두콩 배의 롤라: 평화 수업 디자인』은 상영 시설만 갖춘 곳이라면 어디에서라도 실행할 수 있는 활동으로 디자인하였다. 이 책에서는 두 가지 원칙을 세운 뒤에 활동을 디자인했다. 첫째, 관객들이 활동에 참여한 뒤에 주관적인 의미를 발견(구성)하도록 설계했다. 이것은 공식이나 원리를 배운 뒤에 연습 문제를 풀어 보며 이해 여부를 확인하는 방식과 다르다. '가치'는 상당 부분 주관적인 해석을 포함하기 때문에 우리는 가치의 큰 틀만 제시하고, 개인의 배움은 참여하는 사람에게 맡기기로 했다. 둘째, 신체 감각을 자극하여 의미를 구성하는 활동이 되도록 설계했다. 머리로 하는 학습과 신체 감각을 이용한 학습은 지식을 얻는 경로가 다르다. 머리로 하는 학습은 기존의 지식 체계 속에서 논리적인 결과를 도출하는 과정이지만, 신체 감각을 활용한 학습은 지식의 범위를 학습자의 삶 전반(경험 전체)으로 확장시켜 창의적인 경험을 만들어 낸다. 심리학자 살마 로벨Thalma Lobel은 『센세이션Sensation』에서 수많은 연구 사례를 들어가며 "신체 감각이 '은유적 표현'을 통해 추상적 개념과 연관을 맺으며 행동에 영향"을 끼침을 증명하였다. 우리는 '평화'라는 가치와 '평화로운 삶'을 '균형'과 '진동'이라는 은유로 구체화시켰고 관객들이 균형을 잡고 진동을 느낄 수 있도록 영화 읽기 활동을 개발하였다. 개념은 차가운 이성으로만 구성되지 않는다. 윤리학자 마사 누스바움Martha C. Nussbaum은 『감정의 격동Upheavals of Thought』에서 감정과 판단은 분리될 수 없다고 강조했다. 참가자는 영화 읽기 활동을 체험하면서 평화로운 삶의 상태를 몸으로 감각하고 판단하며 평화에 대한 감정을 몸에 새기게 된다. 활동에 참가한 사람 중 누군가는 시소를 타거나 자동차 엔진의 진동을 느낄 때 느닷없이 '평화'의 의미와 '평화로운 삶의 태도'를 떠올릴 수도 있다. 우리가 그랬던 것처럼.

출판까지 많은 분들이 도와주셨다. 〈완두콩 배의 롤라〉를 국내에 처음 소개했고, 영화 수입부터 자막 검토, 등급 심의, 온라인 배급에 이르기까지 6개월이 넘는 기간 동안 복잡하고 힘든 작업을 진행해 주신 부산국제어린이청소년영화제BIKY 김상화 집행위원장, 이영미, 박창현, 장슬기, 최지훈, 우리가 개발한 활동에 참여해 주신 후세대마을 가족, 〈완두콩 배의 롤라〉를 비롯한 영화 세 편을 교육용으로 활용할 수 있게 지원한 부산광역시 교육청, 연구개발과 출판을 도와준 유네스코 영화 창의도시UCCN 부산, 학교 일과 육아에 바빠 직접 집필에 참여하진 못했지만 프로그램 개발과 적용 과정에서 고개를 끄덕이고 엄지를 치켜 세워준 사각형프리즘 선생님들께 고마움을 전한다.

사각형프리즘

목차

무엇보다
먼저,
〈완두콩 배의 롤라〉를
볼 것.

네이버_{NAVER} 영화 포털에서 볼 수 있습니다.

영화 소개

줄거리
등장인물

　롤라 아빠는 어느 날 말도 없이 사라졌다. 롤라는 아빠가 돌아올 거라 믿으며 아빠가 목에 해 준 키스 자국을 간직한 채 자기만의 세계에서 살아간다.

　어느 날 불청객 두 명이 롤라 앞에 나타난다. 불법 체류자인 친구 레빈과 엄마의 남자친구 쿠르트다. 아빠와 엄마만 있으면 충분했던 롤라지만 동갑내기 레빈에게 자꾸만 신경이 쓰인다. 아빠가 돌아올지도 모르는데 엄마의 옆자리를 탐내는 쿠르트 역시 못마땅하다. 레빈과는 가까워지고 싶지만 계속 문제가 생기고, 쿠르트 아저씨는 엄마에게서 떼어놓고 싶지만 그럴수록 더 엮인다.

　"모든 게 늘 똑같지는 않아"라는 엄마의 말처럼 불청객 두 남자는 별의별 일을 다 겪으며 결국엔 롤라의 친구가 된다.

인물 소개

롤라:
완두콩 배 위에 사는 아이

로레타 라흐만:
롤라의 엄마

레빈:
타입의 아들

쿠르트:
롤라 엄마의
남자친구

바켈트:
수상스포츠클럽 회장

졸름젠:
케이프혼에서
살아남은 선장

케빈:
바켈트의 아들

슈트루베:
조용한 마을의 경찰관

토르스텐:
슈트루베의 아들

인물 이야기

롤라_{Lola}

© Sabine Finger

Q. 매일 밤 미소를 지으면서 자던데 무슨 꿈을 꾸는 거야?

A. 그리운 아빠를 만나. 아빠는 날마다 내 꿈에 나타나 노래를 불러주셔.

Q. 아빠는 왜 떠나셨어?

A. 처음엔 내가 아빠를 귀찮게 해서 떠난 거라고 생각했거든. 지금은 아빠 인생을 찾아 떠난 거라고 생각해.

Q. 레빈 첫인상은 어땠니?

A. 처음엔 찌질이라고 생각했어. 물고기 잡은 거 신고한다고 하니까 물고기를 바로 풀어줘 버리데.

Q. 레빈이 "너와 있으면 사람들에게 문제가 생겨"라고 했잖아. 실제로도 그래?

A. 내가 불행을 몰고 다닌다는 뜻이야? 그렇지 않길 바라지.

Q. 레빈은 너에게 어떤 친구니?

A. 처음엔 신경 쓰이게 하는 친구였지. 난 아빠만 있으면 충분했는데. 그런 일은 없을 줄 알았는데, 어느 날 내가 레빈에게 비밀을 이야기한 거야. 맙소사. 하지만 레빈도 나에게 비밀을 털어놓았어. 레빈은 우리가 '뭐든지 얘기할 수 있는 사이'라고 했어.

Q. 쿠르트 아저씨 첫인상은 어땠어?

A. 아빠가 돌아올지도 모르는데 이상하게 수염 난 아저씨가 엄마 옆을 차지할 것 같았어. 그래서 아저씨에게 계속 짜증나게 굴었거든. 그런데 화내지 않고 묵묵히 받아주더라고. 그렇게 나쁜 사람은 아닌 것 같았어. 하지만 그 아저씨가 아빠를 대신할 순 없다고 생각했지.

Q. 쿠르트 아저씨를 계속 만나 보니 어떤 사람인 것 같아?

A. 레빈 엄마가 아파서 도와드리고 싶은데 불법 체류자라 병원에 못 가신다고 하더라고. 그때 떠오르는 사람이 쿠르트 아저씨였어. '돌팔이 수의사 선생님 아닐까?', '나 때문에 엄마와 헤어졌는데 도와줄까?' 하고 걱정했는데 선뜻 도와주는 모습에 살짝 감동했어. 미안하기도 하고. 아빠로서는 모르겠지만 엄마 남친으로는 합격!

레빈 Rebin

Q. 롤라 첫인상이 어땠니?

A. 정말 최악이었어. 호수에서 물고기 잡으려는데 낚시는 불법이라고 해서. 난 '불법'이라는 말만 들으면 오싹해지거든. 나를 째려보며 신고한다고 협박하니 결국 물고기를 놓아 주었지. 덕분에 그날 저녁 우리 가족은 맨밥을 먹었어. 원수는 외나무다리에서 만난다더니 학교 간 첫날부터 롤라와 짝이 된 거야.

Q. 롤라의 첫인상이 별로라고 했으면서 롤라가 친구들에게 쫓겨 도망갈 때나 시험 칠 때 왜 도와줬니?

A. 롤라가 마음에 들진 않지만 우리 가족도 어려움에 처할 때 여러 사람으로부터 도움을 받았거든. 그리고 나는 유령 학생이라 공부를 아무리 잘해도 소용이 없어. 독일로 이사 오면서 늘 유령처럼 살아왔는데 롤라에게는 도움이 되는 사람으로 느껴져서 기분이 좋았지.

© Sabine Finger

Q. 정말 롤라와 있을 때마다 문제가 생기는 것 같아?

A. 새 가방을 호수에 빠뜨리고 우리 가족이 불법 체류자인 것을 다른 친구들에
게 들키게 했어. 롤라에게 "너랑 있을 때마다 문제가 생긴다"고 말은 했지만
미안한 마음이 들어. 사실 롤라 탓은 아니거든. 나에게 이렇게 관심을 준 사람
은 롤라가 처음이었는데.

Q. 지금은 롤라와 어떤 사이야?

A. 이제 우리는 무엇이든 이야기할 수 있는 친구야. 롤라는 떠나간 아빠 이야기
까지 들려주었어. 나는 끝까지 들은 뒤에 쿠르트 아저씨가 좋은 사람 같다고
말했지. 그리고 생일 선물을 주었는데, 갑자기 내 볼에 키스를 했어. 느낌이
참 좋았지.

로레타 라흐만 Loretta Lachmann

Q. 완두콩 배 위에 사는 거 어때요?

A. 남편과 함께했던 완두콩 배에 사는 것이 사실 마음에 들지 않아. 샤워도 밖에
서 해야 하고 불편한 점이 많아. 게다가 호수 주인이자 수상스포츠클럽 회장
이라는 바겔트 씨가 종종 시비를 걸어와. 하지만 난 아무렇지 않은 척해야 해.
롤라와 함께 여기서 견뎌야 하거든.

Q. 쿠르트와 헤어진 이유는요?

A. 쿠르트는 착하고 멋진 사람이야. 아빠의 빈자리를 메워 줄 수도 있을 것 같아
서 함께하는 시간을 마련했는데 롤라는 떠나간 아빠에 대한 생각 때문에 좀
처럼 마음을 열지 않더라고. 쿠르트에게는 미안했지만 롤라 엄마로서의 삶도
중요해서 이제 못 만날 것 같다고 이야기했어.

Q. 쿠르트랑 어떻게 지낼 거예요?

A. 롤라와 둘이 보내던 생일 파티도 행복했지만 많은 사람, 특히 쿠르트와 함께

하니 충만한 기분이 들었어. 오랫동안 이런 관계를 유지하고 싶어.

© Sabine Finger

쿠르트_{Kurt}

© Sabine Finger

Q. 라흐만과는 왜 헤어졌어요?

A. 라흐만은 딸이 있는 이혼녀야. 지금까지 이렇게 사랑스러운 여자를 만나 본 적이 없어. 그래서 그녀의 딸에게도 점수를 얻고 싶었어. 롤라도 엄마를 닮아 호락호락한 여자가 아니더라고. 내 마음을 담은 선물도 소용없었고. 어느 날은 강에 빠진 척해서 라흐만과 나를 놀라게 했어. 그날 라흐만과 많은 대화를 나누었고 아직 준비가 안 된 롤라를 위해 결국 헤어지기로 했지.

Q. 레빈 어머니를 치료하러 갔을 때 어떤 기분이었어요?

A. 레빈의 어머니가 낫도록 항생제를 처방해 주었는데 그때 들어온 레빈 아버지가 우리 이야기는 듣지도 않고 무작정 나가라고 했지. 기분이 좋지는 않았지만 내가 라흐만과 만나지 못할 사정이 있는 것처럼 그도 어떤 사정이 있어서 그랬겠지.

쿠바르트 선생님 Frau Kubart

© Sabine Finger

Q. 본인이 츤데레[1]인 거 아시나요?

A. 주변에서 그렇게 부르는 것 같긴 하던데, 츤데레? 그게 뭐지? 난 그냥 내가 하고 싶은 대로 하는 것뿐이야.

Q. 레빈이 학교에 다닐 수 있게 도와달라는 부탁을 들었을 때 기분이 어땠어요?

A. 법을 지키지 않은 것이 들켜서 학교를 그만두게 되고 연금도 받지 못할까 봐 겁이 났지. 나이가 들면 겁이 많아진다는데 이제 나도 할머니가 다 되었어.

Q. 오랫동안 선생님으로 일하셨는데 옛 제자를 보면 어떤 생각이 드나요?

A. 내 제자들이 어른이 된 모습을 보면 고자질쟁이였던 아이는 여전히 고자질쟁이이고, 여학생을 괴롭히던 아이는 여전히 여학생을 괴롭히고 있더라고. 내가 노력했지만 사람은 쉽게 변하지 않는 것 같아.

---

1) 츤데레: 무심한 척 챙겨 주는 사람.

바켈트 Herr Barkelt

Q. 인생의 목표가 무엇인가요?

A. 주말마다 수상 스포츠를 즐기려는 사람들로 북적거리는 요트 항구를 만드는 거지. 요즘 '소확행'이라는 말이 유행이더라고. 소소하지만 확실한 행복? 그게 말이 되나? 행복하려면 큰 꿈을 가져야지!

Q. 돈에 대해 어떤 생각을 가지고 있나요?

A. 돈을 어떻게 벌었느냐보다는 많이 버는 게 중요하다고 생각해. 그리고 돈을 많이 벌기 위해서는 다른 사람들 눈치를 적당히 무시해야 해. 동정심을 가지는 건 아주 위험해. 판단력을 흐리게 하거든. 결국 내 사업에 손해를 입힐 거야. 내가 파티를 여는 이유는 사람들과 함께 즐기는 게 아니라 내 사업의 일부분이기 때문이야. 이 세상에 공짜는 없거든.

Q. 파티장에서 평소 사이가 안 좋았던 사람들과 어울려 춤을 추는 모습이 낯설
게 보였어요. 그때 어떤 기분이었어요?

A. 이상한 경험이었어. 사람들이 즐겁게 춤을 추는 걸 보는데 나도 모르게 몸이
움직이더라고. 더 이상한 건 그렇게 춤을 추다 보니 뭐랄까. 가슴속에서 뭔가
녹아내리는 느낌을 받았어.

© Sabine Finger

영화 소개

타입 키칠한 Tayyip Kitzilhan

© Sabine Finger

Q. 왜 그렇게 조심성이 많나요?

A. 어린 시절부터 새벽에 짐보따리를 들고나와 비몽사몽 다른 집으로 옮긴 기억이 많아. 그때는 아무 이유도 모른 채 따라갔었는데 우리가 불법 체류자이기 때문이었어. 우리 쿠르드인은 나라가 없어. 어딜 가든 불법 체류자 신세지. 그래서 늘 숨어 살아야 해. 내 소원은 아이들은 나처럼 살지 않는 거야. 쫓겨나지 않으려면 항상 조심하고 또 조심해야 해. 사람들을 믿지 못하는 모습을 아이들에게 보여 주고 싶진 않지만 우리의 이러한 상황 때문에 어쩔 수 없어.

Q. 아이들에게 해 주고 싶은 이야기가 있나요?

A. 지금은 초라하게 살지만 참고 기다려 보자. 언젠가 우리도 정착하며 살 수 있는 날이 올 거야.

졸름젠Solmssen

© Sabine Finger

Q. 배 키를 다시 잡기 어렵다고 했는데 왜 그런가요?

A. 나에게는 평생 잊지 못할 기억이 있지. 케이프 혼에서 폭풍우를 만나 죽을 뻔했어. 돛이 갈기갈기 찢겨진 배를 타고 항해해야 한다고 생각해 봐. 섬뜩하지? 그 기억 때문에 다시 키를 잡기 힘들어.

Q. 주변 사람들이 아저씨가 원래 잔디깎이 기계 수리공이었는데 정신이 좀 이상해졌다고 수군거리는 것을 아세요?

A. 내가 마을 주민들에게 들려준 이야기 때문일 거야. 사람들에게 관심을 가지면 해 줄 수 있는 이야기인데. 그리고 내가 선장이었다는 것을 왜 믿지 못해? 내가 하는 날씨 예측을 귀담아 듣지 않는 건가? 하지만 롤라 생일날 내가 다시 키를 잡은 일 알지? 이제는 나를 믿겠지.

주요 갈등

마주치기와 피하기

낚시 허가가 있어야 해
You need a fishing permit.

© Sabine Finger

"고기 잡으면 안 돼. 낚시 허가가 있어야 해."
"고기가 너무 작으니 다시 던져 넣어."

손바닥도 부딪쳐야 소리가 나듯 갈등도 둘이 마주쳐야 생겨나죠. 레빈은 갈등을 일으키지 않기 위해 조용히 넘어가려 해요.

레빈이 이런 식으로 피하는 행동은 문제 해결에 도움이 될까요?

다르면, 악惡?

쟤네 사는 배에서 바로 물에 똥 싸는 거 알아?
You know they just poop in the water
off their houseboat?

© Sabine Finger

"쟤네 사는 배에서는 호수에 바로 똥 싸는 거 알아?"
"쟤네 샤워실도 없어서 밖에서 씻어야 해."

나와 다르면, 내 주변 사람들과 다르게 생활하는 사람을 보면 낯선 기
분이 들어요.

서로 다른 것은 당연한 거 아닌가요?

하지만 나와 달라 보이는 사람과는 섞이기 두려워요. 다름을 존중하라
는 말을 귀가 따갑게 들었지만 막상 그런 처지에 놓이면 뒷걸음 치게 되
고, 떨어지고픈 마음이 생길 때가 많아요.

'답정너'와 '솔까말'

> 그 사람 어떻든?
> What do you think of him?

© Sabine Finger

"그 사람 어떻든?"

"아빠는요? 아빠가 돌아오시면요?"

우리의 인생은 혼자만의 인생이 아니죠.

서로의 생각을 묻고 솔직히 이야기하면서 풀어 가야 하지 않을까요?

'답(은) 정(해져 있으니까) 너(는 대답만 해)'가 아닌

'솔(직히) 까(놓고) 말(해서)' 해 보면 어떨까요?

생사람 잡기

너랑 있으면 꼭 문제가 생겨
I always get into trouble
when I'm with you.

© Sabine Finger

"너랑 있으면 꼭 문제가 생겨."

'무심코 던진 돌에 맞아 죽는 개구리가 있다'는 말처럼 세상을 살다 보면 의도하지 않은 일들을 많이 겪어요.

내가 던진 돌이 아닌데 의심을 받을 때도 있죠.

돌에 맞아 죽은 개구리도 억울하지만 의심받는 사람의 마음은 어떨까요?

불만을 표현하는 방법

대체 무슨 생각으로 그랬어? 대답해 봐!
What were you thinking?
Answer me!

© Sabine Finger

"너 정신 나갔어?"

"대체 무슨 생각으로 그랬어? 대답해 봐!"

"무서워 죽을 뻔했어."

불만을 표현하는 방식은 다양해요.

즉시 소리 질러 표현하기, 대화하지 않기, 뒤에서 험담하기, 몰래 괴롭히기, 숨기, 무시하기.

롤라는 숨거나 무시하는 방식으로 불만을 표현해요.

당신은 불만을 어떻게 표현하나요?

나에게 불만을 품은 사람이 있어요. 그 사람이 나에게 어떻게 표현하면 내 마음이 덜 아플까요?

비밀

© Sabine Finger

"비밀 지킬 수 있어?"

(케빈과 토르스텐이 몰래 레빈의 비밀을 엿듣고 도망간다.)

누구나 비밀이 있죠.

비밀은 무조건 지켜 주어야 하는 걸까요?

함께 풀어 나가야 할 비밀도 있고 지켜 주어야 할 비밀도 있겠죠.

비밀을 빌미로 괴롭히려는 게 아니라면요.

영화 소개

소통과 불통

항구 규정에 파티는 금지돼 있죠
Parties are prohibited
under harbor regulations.

"항구 규정에 파티는 금지돼 있죠."

"신청서를 적어도 파티 15일 전에는 제출해서 항만소장 허가를 받아야
해요."

"(그런 규정이) 언제부터 생겼나요?"

"어제부터 생겼어요."

갈등은 대화와 타협을 통해 해결해야죠.

그러지 않고 자신의 권력을 남용하는 사람들이 있어요.

다른 사람의 기분은 고려할 필요가 없고, 그 사람이 나에게 맞춰 주어
야 한다고 생각하는 사람들 말이죠.

수업 디자인

영화 읽기 활동 구상
마을 공동체와 함께한 평화 수업

영화 읽기 활동 구상

첫 번째 책인 『버팔로 라이더』 원고를 마무리하고 바로 〈완두콩 배의 롤라〉 영화 읽기 활동을 구상했다. 우리는 '준비', '연습', '시연', '다듬기'의 과정을 거쳤다. 활동을 다듬은 뒤 본격적으로 영화 읽기 수업을 진행하기까지 약 5개월이 걸렸다. 다음은 우리가 영화 읽기 활동을 구상하면서 나누었던 내용을 정리한 것이다.

준비

준비	연습	시연	다듬기

- 활동으로 만들 때의 두 가지 관점
  ① 영화 20%, 일상 이야기 80%로 진행하자
  ② 감각을 통한 영화 교육이면 좋겠다

- <완두콩 배의 롤라>를 보며 '평화'를 주제로 잡기까지

- '평화'라는 주제에 관한 브레인스토밍
  ① 영화 되짚어보기
  ② 개념 정리
  ③ 함께 다루어야 할 개념들: 의사소통, 여론, 공론화
  ④ 대상과 활동

활동으로 만들 때의 두 가지 관점

① 영화 20%, 일상 이야기 80%로 진행하자

영화는 우리가 몸으로 인식하는 것과 비슷한 과정으로 제작되는 하나의 가상세계이다. 일상보다 드라마틱하기 때문에 자칫하면 진짜 자기 삶을 내버려둔 채 영화 속 이야기에 빠져서 대리만족 할 수도 있다. 영화를 본 후 '무엇을 느꼈니?', '교훈이 뭐니?', '영화와 유사한 너의 일상을 말해

봐'와 같이 영화에 초점을 맞춘 문답은 우리의 일상이 꼭 영화처럼 되어야 할 것 같은 착각을 일으킬 수 있다. 그래서 우리는 영화 수업에서 80% 이상 일상을 이야기하는 것에 초점을 두고자 한다. 특히 일상에서 지혜가 자라야 할 아이들을 대상으로 할 때는 아이들의 삶이 더욱 중요하다. 영화와 관련된 이야기를 한 번 하면 아이들이 일상을 살고 일상을 나누는 것을 네 번 한다고 생각하면 간단하다.

② 감각을 통한 영화 교육이면 좋겠다

우리는 감각을 통하여 영화를 인식한다. 주로 시각과 청각을 사용하지만 우리의 경험을 기반으로 영화를 보기 때문에 모든 감각을 사용하여 본다고 할 수 있다. 영화 산업은 이미 시각적 효과뿐 아니라 오감 자극을 극대화하여 실감나게 제작하는데 영화 교육은 인지적인 차원에 머물 때가 많다. 그래서 감각을 사용하여 몸으로 기억할 수 있는 활동을 만들었다.

<완두콩 배의 롤라>를 보며 '평화'를 주제로 잡기까지

처음 영화 읽기 수업 시리즈를 기획할 때 이 영화에서는 '다문화', '세계시민교육'의 관점에서 이야기를 나누었다. 어린이를 위한 영화임에도 등장인물 간 관계가 복잡하였고 불법 이민자 가족과 그들의 문화가 일부 나왔기 때문이다. 앞으로 국경이 없는 사회에 살 수도 있기 때문에 괜찮은 주제라고 생각했고 인지적 접근에서 벗어난 활동으로 구성할 수 있을 것 같았다. 그런데 아이들의 시각에서 그 주제가 선명하게 보일지 의문이 생겼다. 그런 의문이 들 때 이 주제를 보다 선명하게 다룰 수 있는 다른 영화를 찾았다.

그래서 우리는 우리가 최근에 수업하는 것의 주제를 떠올렸다. '평화'를 주제로 수업을 하고 있었다. 교실 평화 놀이, 평화 프로젝트 등 학교 일상에서 수업까지 평화에 관심이 많았다. '평화'를 주제로 잡으니 앞서 생각한 주제보다 더 직관적으로 다가왔고 몇 가지 장면도 떠올랐다.

'평화'라는 주제에 관한 브레인스토밍

① 영화 되짚어보기

우리는 평화를 주제로 잡고 떠오르는 인물, 상징, 줄거리, 장면을 터놓고 이야기했다.

"저는 영화에서 평화를 만들어가는 평화의 인물을 꼽는다면 쿠바르트 선생님이 떠오릅니다. 그분이 여기서 일이 생기면 교통정리를 해 주시고 마지막에는 혼을 내 주시잖아요. 그리고 평화를 깨는 인물은 호수주인 바켈트 씨, 레빈의 가방을 던진 케빈과 그 친구들 같습니다."

"제가 생각하는 평화의 캐릭터는 롤라의 엄마입니다. 딸과 평화롭게 지내기 위하여 하고 싶은 말도 참고 애인과도 잠시 거리를 두는 모습이 떠오릅니다. 엄마가 딸한테 하는 거짓말도 평화를 위해서 하는 거니까….”

"졸름젠 선장도 그렇습니다. 사람들은 그를 미친 사람이라고 하지만 이 사람은 편견 없이 사는 것뿐입니다. 다른 사람들이 이 사람에 대해 편견을 가지고 있었습니다.”

"호수가 주는 이미지가 느낌적인 느낌으로 평화와 관련되는 것 같습니다. 축제도 그렇고요.”

"영화의 색감이 화사했습니다. 영화를 보면서도 기분이 좋았습니다. 아이들이 좋아하는 색감인 것 같습니다.”

"레빈의 엄마가 아팠을 때 수의사 쿠르트의 도움을 받으면서 상황을 받아들이는 부분이 나옵니다. 마지막에 배에 모두 타서 축제로 끝나는 것도 비유인 것 같습니다. 그리고 이 영화에 음악이 정말 많이 나오는 것 같습니다.”

"롤라는 아빠와 엄마 애인 사이에서 갈등하고, 호수 주인과 학교 친구들과도 갈등하고 레빈과도 갈등하게 됩니다. 롤라 주변이 불안한 상태였습니다. 이것도 평화를 이야기할 수 있는 내용인 것 같습니다."

"레빈이 봤을 때 롤라는 자신의 평화를 깨는 아이였습니다. 롤라는 평화롭게 해결하기 위해 뛰어다녔는데 일은 계속 꼬이기만 했고 오해를 받았습니다."

② 개념 정리

"평화를 만들기 위한 활동이 무엇일지 생각해 보았습니다. '평화가 무엇이다'라고 단정하지 않고 평화로운 상태를 경험할 수 있으면 좋겠습니다."

"'평화는 싸움이 없는 것이다'처럼 사전적 의미로 제시하는 수업은 학생들에게 별 도움이 되지 않습니다. 평화라는 느낌을 주고 평화를 찾아가는 과정을 느끼게 하는 것에 의미를 주고 싶습니다."

"롤라가 평화롭게 살기 위해서는 아버지가 왜 떠났는지 알아야 했습니다. 엄마는 롤라가 어느 정도 받아들일 수 있을 때 그것을 알려 주었습니다. 평화를 결과로 보거나 지금 있어야 할 당위적 가치로만 보면 평화를 인지적으로만 받아들이고자 할 수 있습니다. 아이들도 평화를 알려면 싸움의 의미를 정확하게 알아야 합니다."

"수많은 싸움과 갈등이 있는데 그것에 주목해야 합니다. 평화에 주목하면 싸움과 갈등이 없어야 하는데 우리는 그것에 집중하면 안 됩니다. 싸움과 갈등에 주목해야 합니다."

"평화는 문제를 덮어 버리는 것이 아닙니다. 문제를 보는 것입니다. 싸움을 봐야 하는데 우리는 어쩌면 미봉책을 보고 있는지도 모릅니다."

"등장인물이 추구하는 평화의 모습이 다릅니다. 레빈의 아빠는 부인이 아프더라도 들키지 않기 위해 애썼습니다. 정체가 알려지면 잡혀간다고 생각했기 때문입니다."

③ 함께 다루어야 할 개념들: 의사소통, 여론, 공론화

평화를 흔히 문제 상황을 덮어 버리는 것으로 오해할 때가 있다. 문제마다 깊은 고민이 필요하기도 하지만 이를 회피하는 방식으로 이용해서는 안 된다. 깊은 고민은 평화를 위한 방법인데 회피는 '평화'가 아닌 '개인'만 남기기 때문이다. '내 삶은 내가 지켜야지'라고 생각하는 영화 속 바켈트 씨처럼 말이다. 자꾸 덮으려고만 하는 것은 자기만 보호하려는 것에 맞춰진 행동이다.

어느 정도 서로에 대해 알고 갈등 상황에 직면하더라도 큰 부담이 없는 관계에서는 의사를 표현하되 그것을 공격적으로만 하지 않으면 모든 과정이 평화를 만들어 가는 과정이 될 수 있다. 그래서 평화와 관련해서 나와야 하는 교육이 의사소통교육이다. 의사소통교육에서 '어떻게 말하느냐'가 빠지고 '무엇을 말하느냐'까지만 다루고 '의견을 말하세요'라고 하는 것은 책임을 회피하는 것이다. 의사소통 기술도 찾을 수 없고 맥락도 생략되어 있다. 그러니까 '어떻게 논리적으로 짜서 던져야 내가 보호받을 수 있을까?' 하는 것에 혈안이 되는 것이다. '어떻게 하면 평화롭게 사는 것을 도와줄 수 있을까?'와 동시에 의사소통하는 과정을 경험시켜 주는 것이 필요하다.

의사소통에 어려움이 있는 것은 우리 사회가 권위주의적 성향이 강하기 때문이기도 하다. 아이들이 어른에게 직접 말하지 못하며 어른들도 서로 직접 말하지 않고 뒷담화를 할 때가 있다. 그런데 뒷담화는 적어도 3개월 뒤에는 들리게 마련이다. 직접 말하지 못하면 스스로 약자로 남게 되는 것을 모른다. 강자에 대항해야 할 우리 문화가 약자 게임으로 전락

하는 것 같은 느낌이 들 때가 많다. 이는 성인에게서 너무 많이 발견된다. 특히 제도와 여론을 보면 사회 전반을 들여다볼 수 있는데 제도는 법적인 차원의 이야기이고 여론은 국민의 의식수준을 반영하고 만들어 내는 것이다. 여론은 현재 미디어가 독점하고 있다. 영화 〈완두콩 배의 롤라〉에서는 마을 주민이 여론의 주체가 된다. 모두가 이야기의 주체가 되기 때문에 여론이라는 부분도 함께 다루어야 할 것이다. 평화 교육에서는 아이들이 스스로 의견과 여론을 만드는 주체라는 것을 자각해야 한다.

삶의 주인이라고 하는 것은 자기 삶, 사회적 존재, 공동체 일원으로서의 책임을 포함한다. 공론이라는 공동의 관심에 대해 참여하는 것이 책임을 다하는 것임을 자각해야 한다.

어른은 아이를 책임져야 하고 아이들은 보호받아야 한다. 우리 사회는 이제 누구를 탓할 수 없는 상황까지 왔다. 그런데 공론이 중요하다는 것을 배워 본 적이 없다. 학교에서 "선생님, 저는 이 주제를 공개적으로 토론하면 좋겠다고 생각합니다"라고 했을 때 어떤 반응이 올까?

공론화할 때 개인의 사생활 부분을 논의해야 할 필요가 있다. 개인의 사생활과 공적인 부분을 구분할 필요가 있다. 특히 윗사람, 권력이 있는 사람은 아랫사람 또는 권력이 없는 사람의 사생활을 간섭하는 경향이 있다.

우리는 동등한 위치에 있을 때 공론화가 가능할 것이라 생각한다. 동등한 위치에서도 공론화가 쉽지 않은 것은 동의를 구하는 것이 어렵기 때문이다. 공론화는 결론을 내려고 하는 것이 아니라 이야기를 해 보자는 것이다. 정답을 말하는 자리가 아니라 자기 의견을 말하는 자리이다. 우리는 결론을 중시하는 우를 범하지 않도록 조심하자는 의미에서 공론화도 다루어야 할 것이다.

④ 대상과 활동

이번에는 학부모 또는 일반인을 대상으로 하였다. 영화 관람 시간을 포함하여 4시간 활동으로 짜 보았다. 꼭 초등학교 학부모가 아니더라도 교사, 대학원생, 성인 모두 가능하다. 교사 프로그램, 교사 다모임도 좋다. 평화, 의사소통은 일반 학교에서도 관심 있는 부분이다. 영화를 함께 보고 영화 내용을 이야기하고 활동하는 방법으로 프로그램을 구성하였다.

활동은 인지적인 활동보다 감각적인 활동으로 구성하고 싶었다. 영화가 주는 밝은 색채와 흥겨운 음악을 활동에도 그대로 살려서 넣고 싶었다. 평화롭게 살아가기 위해서는 자기를 감추지 않고 표현할 수 있어야 한다. 영화에서 롤라는 인터뷰 장면으로 관객에게 자기를 표현한다. 영화에서 음악도 중요한 역할을 하였는데 이 부분도 잘 살리고 싶었다.

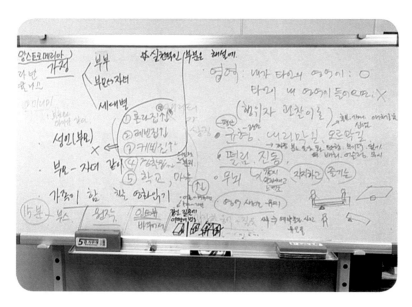

연습

준비	연습	시연	다듬기

- 우리가 경험하면 어떤 느낌일까?
  ① 인상 깊은 장면 뽑기
  ② 질문 만들기
  ③ 우리끼리 해 보기

우리가 경험하면 어떤 느낌일까?

우리는 '평화'와 관련하여 브레인스토밍을 하면서 정리한 내용을 바탕으로 우리가 경험할 활동을 만들었다.

① 인상 깊은 장면 뽑기

영화 장면 중 인상 깊은 장면을 서른 장 뽑았다. 영화 관람 후 출구에 시간 순서로 붙여서 영화 내용을 정리할 수 있는 부스로 활용하기 위함이다. 영화를 관람한 사람들은 여운이 남은 장면에 스티커를 붙일 수 있고 또 다른 활동으로 연결할 수도 있다.

② 질문 만들기

다음에는 우리의 평화와 관련하여 공통적으로 궁금한 것을 질문으로 만들었다. B4 종이에 출력하여 연구소 벽면에 분산하여 붙였다.

> 불안할 때 어떻게 이겨내고 계신가요?

> 위로하고 싶은 사람이나, 위로받고 싶은 마음이 있습니까?

> 가까운 사람과 의사소통이 잘 되고 있습니까?

> 가까운 가족이 요즘 어떤 마음 상태인지 느끼고 있습니까?

> 요즘 당신의 삶은 평화롭습니까?

③ 우리끼리 해 보기

우리는 인상 깊은 장면을 뽑고 우리가 만든 질문에 돌아가며 답을 썼다. 두 가지 활동을 다 한 다음에는 간식을 먹으며 결과를 둘러보았다.

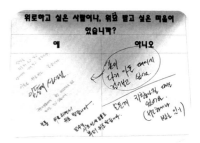

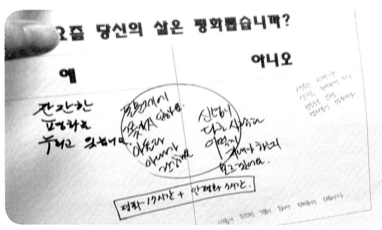

시연

준비	연습	시연	다듬기

- 아이들은 이 활동에서 어떤 경험을 할까?
  ① 수업해 보기
  ② 수업 결과 이야기 나누기

아이들은 이 활동에서 어떤 경험을 할까?

① 수업해 보기

연습한 내용을 바탕으로 초등학교 3학년과 6학년 한 학급에서 수업 시연을 하였다. '단짝 친구'라는 주제로 질문을 고쳐서 적용하였다. 우리끼리 할 때 질문을 받고 답이 떠오르지 않았던 것이 있었기에 활동 준비로 사전 질문을 주고 미리 생각해 보도록 하였다.

> [활동 준비]
> 단짝 친구로 고민한 경험이나 사건이 있으면 솔직하고 자세하게 써 보세요.
> (친구의 이름은 밝히지 말아 주세요.)

단짝 친구라는 말을 들을 때 떠오르는 '생각이나 감정'을 낱말로 써 보세요.

단짝 친구에 관한 고민이 생기면 누구와 이야기합니까? 그 사람을 찾는 이유는 무엇입니까?

단짝 친구에 관한 고민을 털어놓았을 때 기억에 남는 상대방의 말이나 행동을 써 보세요.

누군가에게 단짝 친구 고민을 털어놓을 때 그 사람이 나에게 어떻게 대해 주면 마음이 편안해집니까?

단짝 친구에 관한 고민을 털어놓았을 때 상대방이 해 준 말이나 행동으로도 해결되지 않는 것은 무엇입니까?

② 수업 결과 이야기 나누기

    3학년 수업을 진행한 선생님은 활동에 70분이 걸렸고 학생들이 진지하게 쓰긴 했는데 산으로 가는 느낌을 받았다고 했다. 특히 마지막 질문

'단짝 친구 고민을 털어놓았을 때 상대방이 해 준 말이나 행동으로도 해결되지 않는 것은 무엇입니까?'는 학생들이 거의 이해하지 못한 것 같다고 했다. 6학년 수업을 진행한 선생님은 6학년 학생들이라서 질문에 대한 이해가 높았으나 마지막 질문에서 '자기 문제'가 아닌 '해결'에 초점을 맞춘 학생들이 있는 것 같다고 했다. 학생들이 활동한 것과 이야기 나눈 것을 바탕으로 질문을 조금 바꾸기로 하였다. 또한 '단짝 친구'라는 표현을 '친구'로 바꾸었다.

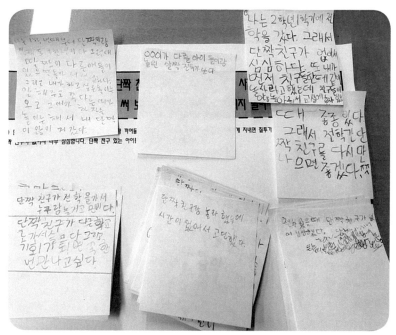

학생들이 기록한 메모지

다음은 3학년 학생 19명이 쓴 내용이다.

**단짝 친구라는 말을 들으면 떠오르는
'생각이나 감정'을 써 보세요.**

- 외롭다.
- 기분이 좋다.
- 기분이 질투 났다.
- 반쪽이 생각이 난다.
- 기분이 나쁘다. 나를 싫어함.
- 심심하고 외로운 생각이 든다.
- 전학 간 단짝 친구가 생각난다.
- 기분도 좋고 같이 놀고 싶어진다.
- 웃음이 나고 매일 같이 있고 싶다.
- 이사 가는 단짝 친구가 생각이 난다.
- 다른 반이 된 단짝 친구가 생각난다.
- 기분이 가까운 친구라는 생각이 났다.
- 같이 줄넘기하자고 했는데 하지 않은 것.
- 단짝 친구와 계속 같은 반에서 있고 싶다.
- 나는 은따였다. 그래서 친구가 없었던 어렸을 때의 내가 생각난다.
- 기분이 좋다. 엄청 좋다. 그래서 결심했다. 단짝이 좋다는 걸 결심을 했다.
- 나는 내 단짝이랑 매일 같이 있고 싶고 싸울 때도 있다.
  하지만 내일은 다시 친해진다.

단짝 친구에 관한 고민이 생기면 누구와 이야기합니까?
그 사람을 찾는 이유는 무엇입니까?

- 저는 무시해요.
- 부모님께 말합니다.
- 머리가 복잡해집니다.
- 아빠와 이야기합니다.
- 친구들에게 물어봅니다.
- 나한테 별로 말 걸지 않음.
- 단짝 친구에게 가서 물어봅니다.
- 친구나 선생님에게 풀이를 말합니다.
- 어떨 때는 나 혼자 달래고 울고 한다.
- 다른 반 친구랑 피구를 하면서 말합니다.
- 고민이 생기면 반 친구들과 이야기를 합니다.
- 고민이 생기면 마음속으로 내 생각을 조절합니다.
- 엄마, 아빠와 이야기한다. 이유는 싸울 수도 있으니까.
- 부모님이 해결해야 된다. 왜냐하면 더 사이가 멀어지니깐.
- 나는 내 단짝한테 물어봅니다. 왜냐하면 내 단짝이 아닌 것 같아서.
- 부모님에게 말합니다. 왜냐하면 부모님께 말하면 다 해결해주십니다.
- 친구들에게 물어봅니다. 친구들에게 고민은 어떻게 풀어 줄지 물어봅니다.
- 나는 단짝에게 물어봅니다.
  그런데 안 말해 주면 단짝 친구에게 또 다시 물어봅니다.

단짝 친구 고민이 생기면 누구와 이야기합니까?
그 사람을 찾는 이유는 무엇입니까?

- 고민이 생기면 친구들한테 말합니다. 왜냐하면 부모님에게 말하면 걱정하시기 때문입니다.
- 부모님께(엄마, 아빠) 말합니다. 왜냐하면 친구들한테 말하는 건 좀 그렇고 부모님한테 말하는 게 쉽습니다.
- 일단 단짝 친구와 이야기하고 그래도 해결이 안 되면 선생님께 물어봅니다. 왜냐하면 고민을 어떻게 풀지 생각하고 선생님께 갑니다.

**단짝 친구에 관한 고민을 털어놓았을 때
기억에 남는 상대방의 말이나 행동을 써 보세요.**

- 위로를 해 준다.
- 친구가 날 때린다.
- 나는 "힘내"라는 말이 떠오른다.
- "알겠어"라는 말이 기억에 남는다.
- 우리 단짝 끝내자. 카톡으로 욕함.
- "같이 놀자"라는 말이 기억에 남는다.
- "꼭꼭꼭!"이라는 말이 기억에 남는다.
- 단짝 친구에 대한 고민을 털어놓은 적이 없다.
- "같이 놀자"라고 말할 때가 가장 기억에 남는다.
- "우리 더 친하게 지내자"라는 말이 기억에 남는다.
- "나는 너랑 놀고 싶어"라는 말이 기억에 남는다.

- 단짝이 알겠다고 하고 더 내 단짝처럼 해 줬으면 좋겠다.
- 단짝 친구 말을 다 듣고 내가 하고 싶은 말을 합니다.
- "노력해"라고 하면 마음이 편안해집니다.
- 내가 힘들 때 부모님이 "내일 화해하면 돼!"
- 단짝 친구 고민을 털어놓을 때 나에게 좋게 대해 주면 좋겠다.
- 고민을 털어놓을 때 친하게 대해 주면 좋겠다.
- 좋은 생각이 들 때나 좋은 조언이 떠오르면 마음이 안정됩니다.
- 나랑 친한 친구가 같이 옆에 있을 때 마음이 편안해집니다.
- 마음은 안정되지는 않는다.
- 위로해 줄 때.
- 응원해 주면 아이디어가 나서 마음이 안정됩니다.
- 엄마에게 털어놓을 때 엄마가 "걔도 때리면 너도 때려"라고 말해 주면 마음이 편해진다.
- 저는 친구와 함께 놀러 가서(예를 들면 놀이터 같은 곳) 기분을 푸는 게 좋습니다.
- 나는 마음을 털어놓고 그 사람도 마음을 털어놓고 같이 놀았으면 좋겠다.
- 다 마음을 털어놓고 그 단짝 친구와 친하게 지내면 좋겠습니다.
- 좋은 일을 생각하면 마음이 안정됩니다. 좋은 일을 생각하면 마음이 편안해집니다.

**단짝 친구에 관한 고민을 털어놓았을 때 상대방이 해 준 말이나 행동으로도
해결되지 않은 것은 무엇입니까?**

- 없다.
- 책을 읽으면 기분이 좋아진다.
- 싸우고 정말 울고 싶고 짜증난다.
- 같이 놀자 했을 때 안 놀고 싶어 할 때.
- 때리면 때리라고 해 준 말이 해결이 안 됐다.
- 기분이 안 좋을 때 노래를 들으면 화가 풀린다.
- 기분이 안 좋을 때 책을 읽으면 기분이 좋아진다.
- 나는 해결되지 않을 때 시원한 걸 먹으면 고민이 풀린다.
- 화 풀리기 전까지 계속 발레 연습을 한다.
- 기분이 나쁠 때 공부나 수영을 안 가고 실컷 놀면 풀린다.
- 기분이 나쁠 때 술래잡기나 숨바꼭질을 하면 화가 풀린다.
- 다시 한 번 내 단짝 아닌 것 같다. 그래서 해결되지 않을 때도 있다.
- 해결되지 않으면 친구한테 가서 당당하게 말해 계속 싸우게 된다. 짜증
  난다.
- "우리 앞으로 친하게 지내자"라고 말할 때 "싫어"라고 말할 때 다시 또
  싸운다.
- 단짝 친구가 때렸을 때 미안하다고 하지 않아서 울고 싶고 짜증이 나서
  잘 해결되지 않았습니다.

다음은 6학년 학생 121명이 쓴 내용이다.

- 내 단짝이 다른 친구와 친하게 지내면 짜증이 납니다.
- 저는 친구가 저보다 배드민턴 잘 치는 게 질투가 납니다.
- 단짝 친구와 재미있게 놀고 있을 때 다른 친구가 때려서 속상했습니다.
- 단짝 친구와 놀고 있을 때 안 친한 친구가 친한 척을 하며 끼어들었을 때 기분이 좋지 않았습니다.
- 단짝 친구랑 예전에는 같은 시간에 학원을 다녔는데 요즘에는 학원 시간 때문에 못 만나서 속상하다.
- 놀다가 작은 다툼 비슷한 느낌을 받았었는데 그 일로 친구가 다른 아이랑 속닥속닥거리는 게 짜증났을 때가 있었습니다.
- 친구와 말다툼을 해서 사이가 멀어졌을 때, 다른 친구랑 말을 걸려고 할 때, 끼어들어서 빼앗아 갈 때 너무 속상했습니다.
- 친구랑 같이 배드민턴을 치고 있을 때 친구가 셔틀콕 상체 부분에 맞아서 아파하였습니다. 그래서 그 친구가 저랑 배드민턴을 치는 것을 뻘쭘해했던 때가 있었습니다.
- 친구와 어디를 가면 자꾸 날 버리고 가서 좀 서운했습니다. 친구들이 자꾸 저만 놓고 다른 곳에서 놀고, 저를 잊어버려 많이 서운했습니다. 친구들에게 소외감이 느껴지고 멀게 느껴져서 슬플 때가 많습니다. 친구들이 저를 싫어하나 생각을 한 적이 많습니다.
- 단짝 친구가 참견이 심해서 피곤하다.

- 단짝 친구에게 화를 내도 같이 화내지 않았습니다.
- '단짝 친구가 있는 친구는 좋겠다'라는 생각이 났습니다.
- '단짝 친구의 위험한 행동 때문에 내가 다칠 필요는 없으니 그 친구랑 친하게 안 지낼까?'라는 고민.
- 운동회 때 단짝 친구가 발을 걸어서 지금까지 화가 안 풀리고 있는데 저는 친구와 가까워지고 싶습니다.
- 제 단짝 친구가 골드버그 대회에 같이 나가기로 하였는데 거짓말을 하여 못한다고 하였습니다. 너무 속상했습니다.
- 단짝 친구와 같이 걷고 있는데 단짝 친구와 나의 사이로 친구가 끼어들었을 때 나는 속상했는데 단짝 친구는 그 친구를 봐 줄 때 속상하고 질투가 납니다.
- 나랑 단짝 친구와 재미있게 이야기하고 있는데 친구가 단짝 친구를 데리고 가서 짜증났습니다. 단짝 친구를 데리고 간 그 친구가 나쁩니다. 그래서 혼자 놀았습니다.
- 단짝 친구가 다른 친구랑 놀고 있으면 내 자신이 소외되는 거 같아서 화가 납니다. 단짝 친구가 자신이 하고 싶으면 바로 가 버리는 것에 책임감이 없는 거 같아 감정이 나빠지고 속상합니다.

- 단짝 친구가 강당에 있길래 그냥 혼자 놀았는데 단짝 친구가 "너 배트민턴 잘 치냐? 이젠 더 내가 잘 친다" 이래서 붙어서 내가 "앞으로 못 치면서 나대지 마라" 했더니 자기 혼자 또 울상이었다. 어쩔 때 운다. 이럴 때는 짜증난다.

- 그 '친구를 단짝 친구로 할까?'라는 고민이 들었다.

- 단짝들과 놀 때 다른 친구가 끼어들어 속상했습니다.

- 내 단짝이랑 놀고 있었는데 다른 친구가 끼어들어 재미없어졌습니다.

- 다른 단짝이랑 규칙을 정했는데 그 친구가 약속을 깨트려 속상하고 화남.

- 단짝 친구랑 게임할 때 친구가 제가 하고 싶은 캐릭터를 못한다고 못하게 했습니다. 그래서 속상했습니다.

- 친구가 갑자기 물건을 숨길 때가 있습니다. 1, 2번은 재밌지만 여러 번 하면 기분이 나빠서 똑같이 하게 됩니다.

- 단짝 친구와 함께 숙소를 같이 쓰기로 했지만 다른 친구가 갑자기 제 단짝과 숙소를 한다고 해서 기분이 나빴습니다.

- 단짝 친구가 다른 친구랑 놀 때 기분이 좀 안 좋았습니다. 어떨 때는 나랑 놀고, 어떨 때는 다른 친구랑 노니까 단짝이라고 생각하는지 의심스러웠습니다. 그런데 그 친구도 저랑 친하다고 해서 고민이 사라졌습니다.

단짝 친구라는 말을 들으면 떠오르는 '생각이나 감정'을 낱말로 써 보세요.

- 우정.
- 우정, 친하다.
- 웃음이 나온다.
- 같이 놀고 싶다.
- 같이 있고 싶다.
- 재미, 우정, 기쁨.
- 우정, 편안함, 행복.
- 재미, 즐거움, 행복.
- 같이 있으면 즐겁다.
- 매일 같이 있고 싶다!
- 우정, 영원, 비밀, 함께.
- 같이 웃을 수 있는 친구.
- 편안함, 우정, 쉼터, 친절.
- 같이 우정 지켜 주는 단짝.
- 이해 안 됨, 질투, 비밀, 우정.
- 소소한 비밀도 지켜 주는 단짝!
- 우정, 웃음, 가까움, 보고 싶다.
- 우정, 영원, 행복, 함께, 즐거움, 가족, 사랑해.
- 스트레스의 반대, 끊을 수 없음, 기쁨, 설렘, 행복.
- 영원한 친구, 친구, 우정, 영원히 같이 있고 싶음, 지속되는 우정.

단짝 친구 고민이 생기면 누구와 이야기합니까?
그 사람을 찾는 이유는 무엇입니까?

- 인터넷 친구, 단짝. 친해서.
- 고민은 빨리 푸는 것이 좋다.
- 선생님, 부모님. 좋은 답을 받을 수 있다.
- 친구에게 이야기합니다. 친구가 위로해 줍니다.
- 그냥 직접 단짝 친구한테 시원하게 해결하자고 하기.
- 친구한테 이야기를 합니다. 친구들이 나를 위로해 줍니다.
- 누구에게도 이야기하지 않습니다. 말하면 부끄러우니까요.
- 나한테 이야기한다. 왜냐하면 내가 나를 잘 알기 때문이다.
- 내 감정을 말해도 될 것 같은 친구. 친구들이 비웃을 것 같아서.
- 부모님께 말합니다. 부모님께서 마음을 잘 알아주시기 때문입니다.
- 선생님께 얘기한다. 선생님은 우리에게 좋은 해답을 주시기 때문이다.
- 친구에게 이야기합니다. 이유는 친구가 가장 편하기 때문입니다.
- 부모님과 정말 친한 친구에게 이야기합니다. 진심으로 위로해 주기 때문입니다.
- 단짝 친구한테 말합니다. 바로바로 고민을 푸는 것이 좋다고 생각하기 때문입니다.
- 친한 친구에게 이야기합니다. 친하지 않은 친구는 말하기 부담스럽기 때문입니다.

**단짝 친구 고민이 생기면 누구와 이야기합니까?
그 사람을 찾는 이유는 무엇입니까?**

- 친구에게 얘기합니다. 친구에게 얘기하면 내 감정을 더 알아주고 말하기 편하기 때문입니다.
- 친한 친구들한테 말합니다. 왜냐하면 친한 친구들은 고민을 잘 들어줄 것 같기 때문입니다.
- 친구들에게 이야기합니다. 부모님은 화를 내시고 이야기하지 않으면 답답하기 때문입니다.
- 단짝 친구에게 이야기합니다. 고민을 말하면 마음이 편해지고 문제도 해결될 수 있기 때문입니다.
- 엄마께 이야기합니다. 엄마가 가장 믿음직스럽고, 그 누구보다 내 마음을 잘 알아줄 것 같아서입니다.
- 친한 친구들에게 말한다. 친하지 않으면 다른 애들한테 이야기할 것 같고 떠벌리고 다닐 거 같아서입니다.

- [2명] "친구랑 너랑 오해가 생긴 건 아닐까?"
- "괜찮아."
- 달래줬다.
- "슬프겠다."
- 편안하게 해 줌.
- "그럴 수도 있지 뭐."
- "괜찮아. 서운하겠다."
- "내가 스파이가 돼 줄게!"
- 공감, 인정, 나도 그랬었음.
- 흥분을 가라앉게 해 줬습니다.
- "아휴, 괜찮다. 나도 그래 봤다."
- 위로해 주고 해결 방법을 알려 주었다.
- "괜찮아. 우리 같이 달리기 뛰고 올까?"
- 위로해 주고 도와주겠다고 하였습니다.
- 괜찮다며 해결 방법을 알려 주었습니다.
- "아! 진짜? 어떻게 그래? 나쁘다. 괜찮아!"
- 토닥여 주며 "괜찮아"라고 말해 주었습니다.
- "헐… 어떡해… 힘내! 내가 있잖아! 잘 해결될 거야."

**누군가에게 단짝 친구 고민을 털어놓을 때
그 사람이 나에게 어떻게 대해 주면 마음이 편안해집니까?**

- [2명] 해결 방법을 고민하고 알려 줍니다.
- 어깨동무.
- 마음을 나눕니다.
- 해결 방법 알려 주기.
- 같이 고민해 줍니다.
- 들어주고 공감해 줄 때.
- 해결 방법을 알려 줄 때.
- 같이 이야기하고 위로해 줍니다.
- 위로해 주고 같이 함께해 줍니다.
- 내 마음을 알아주고 이해해 줍니다.
- 조용히 이야기 듣다가 위로해 줍니다.
- 차분하게 들어주고 짜증내지 않습니다.
- 같이 이야기를 들어주고 공감해 줍니다.
- 따뜻한 말 한마디도 해 주고 재미있게 놀아줍니다.
- 말로 해결하려는 것이 좋다고 생각합니다.
- 어떻게 해결할지 방법을 알려 주고 위로해 줍니다.
- 말로 해결 방법을 알려 주고 말을 잘 들어 줍니다.
- 같이 울어 주고 자신의 고민처럼 같이 해결 방법을 찾습니다.
- 같이 해결 방법을 찾고 앞으로 어떻게 할지 이야기 나누어 본다.
- 묵묵히 들어주다가 위로를 해 주면 마음이 편해질 것 같습니다.

**단짝 친구에 관한 고민을 털어놓았을 때
상대방이 해준 말이나 행동으로도 해결되지 않은 것은 무엇입니까?**

- [3명] 없음.
- [4명] 왕따.
- 잘못, 죄.
- 미움이나 생각.
- 형제 문제 해결.
- 잘 모르겠습니다.
- 내가 짜증이 나 있어서.
- 나도 모르는 생각, 마음, 말.
- 마음속에 있는 생각들이다.
- 내 자신이 잘못해놓고 내가 삐져서….
- 내가 먼저 실수를 했는데 내가 삐져서.
- 내 마음속 생각, 친구에 대한 깊은 생각.
- 어떤 친구와 의견이 맞지 않거나 장난을 쳐서 싸웠을 때, 친구를 흉기로 때렸을 때.

다듬기

준비	연습	시연	다듬기

- 활동 순서 정리하기
- 질문 수정하기
- 수업 자료 만들기

활동 순서 정리하기

[활동 1] 영화 떠올리기(5~15분)
관객에게 물방울 스티커를 10장씩 준다. 관객은 상영장 입구에 전시한 <완두콩 배의 롤라> 주요 장면을 보며 자기 마음에 와닿은 사진에 스티커를 붙인다.

[활동2] 다섯 개의 질문(10분)
평화를 주제로 자신의 삶을 돌아보게 하는 질문 다섯 개를 벽에 붙여 둔다. (기표소처럼 생긴 부스 다섯 개를 준비하고 각 부스에 질문지를 놓아 둔다.) 관객은 부스에 들어가서 질문지를 읽고 자기 생각을 쓴다. 모든 관객이 작성을 마치면 관객은 다시 기표소에 들어가서 다른 사람들이 쓴 내용을 읽는다.

[활동3] 손가락 악수(10분)

의사소통이 잘 되어야 평화로운 상태를 이어갈 수 있다. 말과 감각으로 소통하는 활동이다. 관객들은 서로 다른 사람 세 명과 악수를 한다. 이때 자신의 감정을 손가락 개수로 표현한다. 기분이 좋으면 손가락 개수를 많이 펴고, 반대라면 손가락 개수를 적게 펴서 악수한다. 악수한 뒤에 자기가 펼친 손가락 개수의 이유를 서로 이야기한다.

[활동4] 균형 잡기 - 5초만!(5분)

평화로운 삶은 균형(밸런스) 잡힌 삶이다. 기쁨, 슬픔, 분노, 우울, 만족처럼 다양한 감정 중에 어느 하나도 튀어나오지 않아 서로 균형을 이룬 상태이다. 한쪽에 치우치지도 않고, 한곳에 빠지지 않은 상태이다. 이 상태에 도달하려면 우리는 우리는 마음의 진동을 느껴야 한다. 튀어나가고 싶은 마음을 붙잡고 견뎌야 한다. 이 내용을 감각으로 경험하게끔 활동으로 만들었다. 관객은 한 명 또는 두 명씩 균형 잡기 판에 올라가서 5초 동안 균형을 잡는다.

질문 수정하기

연습과 시연을 하면서 나누었던 내용을 바탕으로 어른과 아이를 대상으로 한 질문을 고쳤다.

① 어른을 대상으로 한 질문

[활동준비]
자녀를 키우면서 고민한 경험이나 사건을 자세하고 솔직하게 써 보세요.

자녀 고민이라는 말을 들으면 떠오르는 '생각이나 감정'을 낱말로 써 보세요.

자녀 고민이 생기면 누구와 이야기합니까? 그 사람을 찾는 이유는 무엇입니까?

자녀 고민을 털어놓을 때 상대방이 어떻게 대해 주면 마음이 편안해집니까?

자녀 고민을 이야기했을 때 상대방이 들려준 말 중에서 기억에 남는 조언이나
충고를 써 보세요.

자녀 고민을 털어놓았을 때 상대방의 충고나 조언으로도 해결되지 않은 부분
은 무엇입니까?

② 아이를 대상으로 한 질문

[활동준비] 친구 문제로 고민한 경험이나 사건이 있으면 솔직하고 자세하게 써 보세요. (친구의 이름은 밝히지 말아 주세요.)

친구라는 말을 들으면 떠오르는 '생각이나 감정'을 낱말로 써 보세요.

친구 문제로 고민이 생기면 누구와 이야기합니까? 그 사람을 찾는 이유는 무엇입니까?

누군가에게 친구 고민을 털어놓을 때 그 사람이 나에게 어떻게 대해 주면 마음이 편안해집니까?

친구 고민을 털어놓았을 때 기억에 남는 상대방의 말이나 행동을 써 보세요.

다른 사람이 친구 고민을 들어주고 위로해 주지만, 시원하게 해결되지 않은 부분이 있습니까?

수업 자료 만들기

활동 전반의 안내를 돕고 집중을 높이기 위한 안내용 인쇄물, 질문지, 활동 엽서, 균형판을 만들었다. 각 자료는 준비물만 있으면 20분 내외로 만들 수 있도록 구성하였다.

안내용 인쇄물

수업 포스터, 활동 설명을 600×600㎜ 플로터 용지로 인쇄.

균형판

폐가구와 밸런스 놀이 교구를 피스로 결합하여 만든 밸런스 게임을 위한 자료.

질문지

영화의 장면으로 된 표지를 넘겨서 질문을 본 후 바로 적을 수 있도록 구성.

활동 엽서

앞면은 활동 순서를 위한 번호, 뒷면은 사전 질문과 메모 공간으로 구성.

수업을 디자인할 당시에는 원작의 책 제목인 '완두콩 위의 롤라'라는 제목으로 활동을 진행하였다. 2018년 9월 이후부터는 영화 제목인 '완두콩 배의 롤라'로 진행하고 있다.

시간	활동 내용
10:30~12:00	후세대마을로 이동
12:00~13:00	점심식사
13:00~14:00	영화 상영 및 활동 부스 준비
14:00~15:30	영화 보기
15:30~16:30	- 활동 소개 - 영화 감상 후 활동 · 밸런스 게임, 다섯 개의 물음 동시 진행 · 손가락 악수
16:30~17:00	정리
17:00~	이야기 나누기

후세대마을 가는 길

　비가 많이 오는 봄이다. 주말마다 비가 오는 탓에 연신 내리는 봄비가
마냥 반갑지는 않다. 2018년 4월 14일 토요일. 아침부터 하늘빛이 흐려
지더니 아니나 다를까 빗방울이 떨어진다. 진주로 가는 고속도로에서는
하늘이 더 어두워졌다. 잠시 후 그야말로 억수같은 비가 쏟아졌다. 차창
에 폭우가 만들어내는 포말이 바닷가 파도와 닮았다. 비의 세기 때문인
지 비의 소리 때문인지 그 시원함에 오히려 마음은 깨끗해지는 듯하다.

　어느덧 톨게이트를 지나 후세대마을로 들어간다. 밭과 숲 언덕 사잇길을
지나가니 어느 영화 속 배경으로 들어가는 듯하다. 멀리 얕은 산안개가 더
욱 몽환적인 느낌을 자아낸다. 이 예쁜 마을에 살고 있는 정동준 선생님을
만났다. 오늘 활동을 이곳에서 할 수 있도록 여러모로 애써 주셨다.

활동 준비하기

　후세대마을은 비슷한 뜻을 가진 분
들이 모여 만든 동네라 그런지 여기저
기 둘러보아도 모두 아기자기하고 조화
롭다. 이 마을 언덕 중심에 후세대교회

가 있었다. 언덕을 따라 올라가는 길옆
으로 예쁜 풀꽃과 잔디가 있다. 잔디 사
이 놓여 있는 디딤돌에는 아이들이 그
린 듯한 알록달록한 그림이 귀엽고 정
겹다. 이 작고 예쁜 하얀 건물이 오늘
우리가 영화 활동을 나눌 곳이다.

건물 구경도 잠시, 마을 분들이 오실
때까지 한 시간도 채 남지 않았다. 얼른
영화 읽기 활동 준비를 해야 한다. 정동
준 선생님은 영화를 볼 수 있도록 스크
린과 빔을 연결, 설치하고 나와 강한아
작가님은 정동준 선생님이 준비해 놓은
활동 안내지를 자르고 붙였다. 이정석
선생님은 영화 읽기 포스터를 여기저기
붙이고 밸런스 게임을 위해 보면대에
아이패드를 놓고 활동할 때에 바로 쓸
수 있도록 타이머를 맞춰 두었다. 이태
윤 선생님은 영화와 활동을 소개할 내
용을 정리하였다. 안성희 감독님은 이
런 준비 과정을 카메라에 담았다. 함께
탁자를 배치하고 다섯 개의 물음 활동
에 쓸 질문지에 표시를 붙여 각 탁자 위

<영화로 영화읽기>
완 두 콩 위 의 롤 라

사각형프리즘 × 후세대마을

에 올려 두었다. 준비를 시작한 지 삼사십여 분 지났을까 마을 분들 소리가 들리기 시작했다. 예배당 유리문에 붙여 놓은 영화 포스터를 보고 이야기를 나눈 다음 우리가 있는 곳으로 들어왔다. 어른 여섯에 아이들 열명 남짓. 10분 만에 활동에 참여할 사람이 다 모였으니 시간 약속은 정말 잘 지키는 분들이란 생각이 들었다. 바깥에 소리가 나서 나가 보았더니 까만 강아지가 목에 방울을 하나 달고 꼬리를 흔들고 있다. 사람이 반갑기는 나나 저나 마찬가지인가 보다.

영화 감상과 소감 나누기

"저희는 부산국제어린이청소년영화제 부설 연구소 사각형프리즘 연구원입니다". 사각형프리즘과 우리에 대한 짧은 소개를 끝내고 영화를 상영했다.

〈완두콩 배의 롤라〉의 신나는 주제곡이 흘러나오자 아이들은 금방 화면에 빠져들었다. 신나게 달음박질하는 롤라 뒤로 아이들이 우르르 뒤쫓아 뛰어오는 역동적인 첫 장면은 아이들의 관심을 끌기에 충분했다. 앞자리에 노란 옷을 입은 어린 아이들이 쪼르르 앉아 영화를 본다. 엄마 품에 안겨 영화를 보는 더 작은 아이들도 있다. 토요일에 친구와 놀지 못하고 여기에 와서인지 어딘가 불만스러워 보였던 6학년 여학생들의 미간이 펴지는 모습도 보였다. 옹기종기 모여 화면을 바라보는 한 가족의 모습도 정겨워 보인다. 어른들의 반응은 좋을 것이라 예상되지만 초등학교 저학년이나 그 보다 어린 아이들은 긴 영화를 계속 집중해서 볼 수 있을까 궁금했다.

사실 영화 상영에 아쉬웠던 점이 몇 있었다. 비가 오면서 갑자기 기온이 떨어진 탓에 몸이 으슬으슬할 만큼 추웠다. 넓은 예배당에 사람도 많지 않아 체온으로 냉기를 막기에는 무리가 있었다. 또 넓은 창을 통해 들어오는 외부의 빛을 완벽하게 차단하지 못해서 영화 속 다양한 색들이 선명하게 구현되지 못했다. 특히 영화에서 보여 주는 특유의 밝은 빛과 자연의 조화로움이 잘 드러나지 않아서 안타까웠다.

하지만 영화가 끝날 때까지 큰 소리 내는 사람 한 명 없었고 엔딩 크레딧이 올라가고 나서야 사람들이 움직이기 시작했다.

90여 분이 금방 지났다. 걱정했던 것에 비해 사람들의 표정이 꽤 밝다. 다행이다.

영화를 본 느낌을 나누기 위해 전기난로를 켜고 둥글게 모여 앉았다. 초등학교 4학년 이상의 학생들과 어른들이 이야기를 나누었다.

이태윤: 영화를 본 소감을 말씀해 주시겠어요?

6학년 여학생: 그저 그랬어요….

부모1: 그 상황에서 각자 그렇게 행동할 수 있겠구나, 그럴 수 있겠구나 싶었고 어머니가 아이를 잘 다독이며 키워 가는 모습이 멋져 보였습니다. 몰라는 자신의 싱처가 큰데도 레빈의 마음을 헤아리고 가엽게

여기며 친구가 되어 가는 과정 속에서 자신의 상처만 보다가 친구의

상처를 더 크게 보며 자신의 상처를 치유해 가는 부분이⋯. (고개를 끄

덕끄덕하신다.)

부모2: 영화를 보면서 먼저 우리 반 아이가 생각났고, 두 번째로 내 아이들

이 생각났고 세 번째로 부모로서의 아내와 제가 생각났습니다. 우리

반 아이 중에는 마음에 상처가 있거나 본래 가지고 있는 무언가 때

문에 자기를 잘 드러내지 않고, 마음은 그렇지 않으면서도 행동을

반대로 하는 아이들이 있습니다. 누가 자기에게 편지를 주면 자기

도 주고 싶은데 "난 안 줄 거야" 하다가 모두 가고 나면 책상에 편지

를 써서 놓아 두고 가거나 하는⋯. 그러다 한 달이 지나자 이제는 조

금씩 자신을 드러내려고 하는 학생이 생각났어요. 또 우리 아이들과

부모로서의 관계에서⋯ 일에 집중했을 때 저는 애들 마음을 못 읽

을 때가 있어요. 특히 6학년 제 딸아이 마음을(딸의 눈을 보며 손을 한번

잡아 준다). 그런데 또 생각해 보면 어른과의 관계에서도 상대 마음을

읽지 못하고 내 기준에서 상대를 판단하게 되고 반대로 어느 누구도

내 마음속을 모르기도 합니다. 그래서 서로 다치기도 하고 상처를

주기도 하는데, 영화를 보면서 그런 관계에 대해서 생각을 하게 되

었어요.

부모3: 기억들을 가지고 우리의 인생이 (손으로 굴곡을 그리며) 이렇게 그려지

잖아요. (영화에서) 롤라의 인생을 보는데 그 아이는 상처가 있지만 아

빠의 노래로 하루를 정리하고 아빠를 기다리더라고요. 아빠를 추억하며 아빠의 사랑을 느끼고 있었기 때문에 어려운 상황을 잘 헤쳐 나간다 생각이 들었어요. 이렇게 좋은 기억과 좋은 삶의 모양이 우리의 인생에 좋은 영향을 미치겠다고 했지요. 저는 두 손자의 할머닌데 부모가 여유가 없어 하지 못하는 것들을 할머니로서 손자들이 어떻게 자연에서 아름다운 삶의 모습을 만들어 가게 할까 그런 생각을 하는 계기를 갖게 된 것 같아요. 우리가, 어른들이 참 잘해야겠구나 생각도 했어요. 엄마의 남자친구를 통해 아이의 상처가 회복되면서 모든 사회적 관계가 좋아진 걸 보면서 기성세대가 정말 잘 살아야 되겠다고 생각했어요.

부모4: 다양한 아픔과 갈등도 있었지만 결국은 마을 공동체가 함께 해결해서 아름답게 화합하는 모습이 예뻤어요. 또… 한편 (롤라 가족이) 배 위에서 사는 게 궁금하기도 하고 부럽기도 했어요. (웃음)
음… 왕따 같은 관계에서의 갈등 문제가 개인의 것이 아니라 공동체의 것이어야 할 것 같아요. 어른이 괜히 어른이 된 게 아닌데. 공동체 마을에 사는 우리도 어떤 갈등이나 상대의 상처를 영화 속 어른처럼 때로는 묻어주기도 하면서 살아가는 것도 한 방법이겠구나 하는 생각도 했어요.

부모5: 처음에는 화면이 너무 예뻐서 배경이 정말 아름답다 생각하다가 감독이 무엇을 우리에게 이야기하고 싶을까 궁금했어요. 왕따 문제,

불법 체류자 문제… 주제가 많았는데 계속 고민하다 결국 제가 찾은 답은 (아이에게) 삶을 살아가는 힘을 길러 주는 것. 아이의 감정 표현과 행동을 보면서 저도 공감하는 부분이 많았는데 아이가 상황을 견디기보다는 상황을 받아들이는 힘을 가지도록 해야 하고, 그 힘을 가진 아이에게 친구가 있다면 세상은 또 바뀔 수 있겠다 생각했어요.

이렇게 간단히 소감을 나누었다. 영화에서 이미 많은 것을 읽어 내신 것 같다.

이후 영화 읽기 활동을 설명하고 곧 다들 흩어져 활동 위치로 갔다. 활동 몰입을 높이기 위해 부모와 자녀가 따로 활동에 참여할 수 있도록 계획하였기 때문에 어른들은 '다섯 개의 물음 → 밸런스 게임 → 손가락 악수', 아이들은 '밸런스 게임 → 다섯 개의 물음 → 손가락 악수' 순서로 활동을 진행했다.

활동1: 밸런스 게임

자녀 활동

예배당 뒤 작은 방에 아이들이 모였다. 방에서 기다리고 있던 이정석 선생님이 밸런스는 균형이며 밸런스 게임은 균형 잡기 활동이라고 말해 주었다. 활동판의 한쪽 끝이 바닥에 닿지 않도록 활동판 위에서 균형을 잘 잡아야 한다. 5초간 균형을 잡기 위해 노력하고 이때의 진동과 떨림을 느껴 보라는 당부도 잊지 않았다. 아이들을 둘씩 짝짓게 하고 기록자가 하는 일, 도전자가 하는 일을 안내하였다. 아이들은 타이머(아이패드), 활동 안내판, 시범 보여 주시는 선생님의 얼굴을 번갈아 쳐다보며 차분하게 설명을 듣는다. 활동에 관심이 생기는 듯하다. 호기심 어린 눈빛에 배시시 웃는 아이들이 많다.

안내가 끝나고 아이들은 두 명씩 짝을 지어 활동판 앞에 섰다.

첫 번째 활동은 활동판에 올라가서 혼자 균형 잡기다. 널뛰기판같이 생긴 활동판 위에서 다리를 벌려 5초 동안 균형을 잡는 게 쉽지 않다. 1초도 안 되어서 균형 잡기에 실패하는 아이들이 대다수다. 활동판 양 끝에 발을 벌려서 버텨 보고, 활동판 중간에 두 발을 모아서 버텨 보고, 양팔을 벌려 보고, 몸을 웅크려 보고… 양말까지 벗어던진 아이도 있다. 시간이 제법 흘렀지만 균형을 잡기 힘들어한다. 2초를 넘긴 아이가 생기자 구경하던 친구들이 "우와~" 하고 소리를 질렀다. 찰나의 순간이지만 균형을 잡는 그 순간만큼은 진지하다.

두 번째 활동은 활동판 위에서 짝과 함께 균형 잡기다. 처음에는 의논하지 않고 균형을 잡아 보고 다음에는 서로 어떻게 하면 활동판 위에서 중심을 잘 잡을 수 있을지 의논한 뒤에 다시 균형을 잡아 보도록 하였다. 활동판 양 끝에 서서 두 손을 잡고 균형을 잡는 아이들이 있다. 활동판 가운데서 서로를 부둥켜안는 아이들도 있다. 한 손으로 친구 손을 잡고 양팔을 벌리는 아이들, 서로 손을 잡고 팔을 뻗은 뒤 몸을 뒤로 뉘어 큰 호를 만드는 아이들이 있다. 자신이 어찌할 수 있는 움직임과 어찌할 수 없는 움직임을 온몸으로 느끼고 있다. 의도치 않게 자꾸 춤이 춰지는 모양새다. 다양한 모

양으로 활동판 위에 올라서지만 여전히 5초를 버티는 팀은 없다. 서로 상의하고 활동판 위에 올라서도 마찬가지다. 균형을 잡지 못해 활동판을 이탈하는 경우도 자주 생긴다.

활동이 끝나고 잠시 돌아보는 시간, 서로 의논하지 않았을 때 균형을 더 잘 잡았다는 아이 한 명이 있었다. 말하지 않고 균형을 잡을 때보다는 서로 이야기하니 덜 답답하고 조금 더 오래 버틸 수 있는 것 같다고 말하는 아이들이 몇 명 더 있었다.

이렇게 아이들 활동이 끝났다.

아쉬움과 떨떠름함과 마냥 즐거움이 한바탕 지나갔다. 활기찬 웃음과 멋쩍은 웃음과 수줍은 웃음이 지나갔다. 깨끗하고 해맑다.

날아갈 듯한 신남, 활동 의도에 대한 호기심, 순응적인 침묵도 지나갔다. 다양한 무언가가 한꺼번에 휘몰아친 느낌이었다.

부모 활동

어른들의 활동도 아이들 활동과 똑같이 진행되었다. 마을 분들은 차분히 설명을 듣고 진지하게 활동에 임했다. 예배당에 틀어 놓은 영화 주제곡만 신이 났다. 아이들과 있을 때는 들리지 않던 소리다. 조용한 가운데서도 "됐다, 됐다", "오~" 박수도 치면서 서로를 격려하며 개인 활동을 한다. 열심히 균형을 잡으려는 노력은 아이들의 그것과 다르지 않다. 무게 중심을 잘 잡아 3초 이상 오래 버티는 분도 있었다. 그러나 그 이후에 들려오는 웃음소리. '내 마음대로 안 되네'로 들린다.

짝과 함께 균형을 잡을 때는 좀 더 분위기가 역동적이었다. 침묵의 균형잡기. 활동판 위에서 조금 더 버티기 위한 몸짓이 작은 춤사위를 만들어 낸다. 두 사람이 손을 잡고 서로의 발을 바라보며 몸에 힘을 주지만 찰나를 지나면 자꾸 활동판을 벗어난다. 활동판에 두 명의 성인이 서려면 일상에서의 거리보다 서로 간 거리가 가까워야 한다. 활동판 위 두 사람을 보며 이 일상적이지 않은 모습에 낯설음을 느낀다. 가까워진 두 사람을 보며 좁혀진 거리만큼 심리적 거리도 한층 가까워지면 좋겠다는 생각을 해 본다.

서로 의논하고 다시 균형 잡기를 시작했다. "내가 무거우니까 조금 앞으로 올게. 손보다는 팔을 잡는 게 낫겠다", "무게 중심을 맞춰야 하니까 판이 움직여져서 네가 뒤로 가려고 하면 내가 앞으로 한쪽 발을 내밀게". 문제를 분석하며 방법을 찾아가다 보니 아이들보다 이야기하는 시간이 길었다. 활동판 양 끝에서 서로의 영역을 넘어오지 않던 아이들과 달리 서로 발을 'ㄴ' 자 모양으로 딛고 중심을 잡는 커플, 발을 지그재그로 딛는 커플, 최대한 활동판 끝에 서는 커플 등 여러 가지 균형 잡기 모양이 나왔다. "여기, 여기", "이리로 발, 발", "그렇지, 그렇지", "지그재그로, 지그재그로". 다급해서인지 같은 말이 두 번씩 반복되었는데 그 1~2초간 방 안 공기도 멈추는 듯 느껴진다. 아주 짧은 순간순간의 긴장감. 떨림을 느끼며 균형을 잡고 있다는 신호다. "내가 너무 뒤로 갔나 보다". 자세를 바꾸어 몇 번씩 도전해 본다. 그러나 자꾸 활동판을 이탈하기 일쑤다. 다양한 시도에도 불구하고 역시 균형을 잡기란 쉽지 않다.

활동을 하지 않을 때는 벽에 붙여져 있는 활동 문구도 차분히 읽었다. '평화는 균형을 잡으려는 노력입니다', '진동과 떨림은 균형을 잡고 있다는 신호입니다', '고민하는 진동이 균형을 만듭니다'.

활동이 끝나고 잠시 이야기를 나누었다.

"내 몸이 옛날 같지 않아요. (웃음)"

"균형이 안 맞는 것은 같이 나란히 서면 (판이 움직여서) 누구는 뒤로 빠지고 누구는 앞으로 나오다 보니 한쪽으로 기우는 것이지요. 순간적으로 넘어지려고 할 때 (기우는 반대쪽으로 움직이면 될 것 같은데) 빨리 움직여지지 않았어요. 그래서 발을 X 자로 서로 지그재그로 디디면 서로 균형 잡기가 쉽겠다고 말했어요. 아마 그렇게 조금만 더 연습하면 잘될 것 같아요. 내 쪽으로 기운다 싶으면 앞 사람이 살짝 발을 앞으로 빼 주고 잡아 주고 이렇게 서로 배려해 주면…."

"이 내용 자체가 우리가 삶의 균형을 잡으려고 하는 거잖아요, 균형을 잡고 산다는 게 참 쉽지 않다(고 생각돼요). 우리가 균형을 잡으려고 막 애를 쓰잖아요. 발버둥을 쳤는데…. 우리가 이 관계 속에서도 평화를 구하기 위해서는 여기 쓰여 있는 것처럼 진동과 떨림을 느끼고 발버둥을 치면서 애써야 하지 않나 하는 생각이 들었어요."

활동2: 다섯 개의 물음

부모 활동

다섯 개의 물음 활동은 어른들이 먼저 시작

했다. 정동준 선생님이 활동에 대해 설명했다.
띄엄띄엄 놓은 각 다섯 개의 탁자 위에 표지가

붙어 있는 질문지를 놓아두었다. 참가자는 여
러 탁자를 돌면서 그곳에 놓인 5개의 질문에 모
두 답을 해야 한다. 호기심 어린 표정으로 탁자
앞에 앉아 질문지의 표지를 넘기는 어른들의
표정이 살짝 굳어진다. 그리고 펜을 손에 쥐고도 빨리 답을 써 나가지 못
하셨다. 지금 하고 있는 고민이어서가 아닐까 추측해 본다. 질문을 읽고,
앞의 사람들이 쓴 답을 읽어 본 뒤에야 조심스레 질문지를 채웠다. 활동
이 끝난 후 표지를 모두 걷어 서로가 쓴 답변들을 다시 읽어 보는 시간을
갖는데 모두 주의 깊게 다른 사람이 쓴 글들을 읽었다.

『자녀 고민』이라는 말을 들으면 떠오르는 '생각이나 감정'을 낱말로 써 보세요.

- 아이들에게 좋은 부모가 되고 싶으나, 끊임없는 노력이 필요한 것 같다. 쭉~ 숙제. 고민
- 부모되기 힘들다. 우리 부모님은 어떤 마음이셨을지 짠하다. 내 자녀도 고민이지만 함께 살아갈 자녀 세대는 더 고민이다. 어른 된 책임감. 무겁다.
- 결혼하고 처음 주어진 자녀라는 이름... 공부한 바가 없기 때문에 처음 겪는 것들에 대해 늘 두렵고 생각이 많아진다.
- 내 맘대로 안됨. '포기' 와 '인내'
- 자녀들이 인격체이며 나의 소유물이 아님에도 불구하고 부모가 원하는 방향으로 따라오기를 바라며 강요하지 않았나...
- 아이들이 바른 인성과 건강을 지니며 살아가길 바란다. 하지만 모든 시기에 부모의 눈에 그리 보이지는 않는다. 그 시기에도 '기다림' 이 필요함을 깨닫는다.
- 외동아들이라 사회성이 떨어져 고민. 다치지 않을까, 군대는 어떻게 갈까 걱정. (좋은 감정 보다는 염려, 걱정, 신경 씀 이런 말이 더 많이 떠오름)
- 우리 부모님은 정말 대단하셨구나+대단하시구나(부모님껜 영원히 걱정덩어리 자녀)

『자녀 고민』이 생기면 누구와 이야기 합니까? 그 사람을 찾는 이유는 무엇입니까?

- 아내. 나의 마음을 드러내기 가장 편하다.
- 남편. 언니들(공동체) 그리고 하나님. (아이 한 명을 키우기 위한 마을 공동체의 힘을 믿으며)
- 남편과 이야기 한다. 그리고 인생 선배. 자녀를 이미 키워본 사람들에게 물어본다. 모든 것을 하나님께 물어보고 도움을 구한다.
- 남편 ⇒ 나와 다른 시각의 소유자. 그렇기에 오히려 위안이 됨.
- 남편! 자녀 교육과 자녀 고민은 부부가 일관성 있어야 하지 않나
- 남편 - 자녀에 대한 공동책임
- 하나님 - 자녀를 맡기셨으며, 전적으로 의지해야 할 분임을 알기에
  아내 - 고민을 해결할 당사자이기 때문에, 아내가 젤 편해서.
  * 남들에게는 잘 이야기 하지 않아요(다른 사람이 이 문제를 가볍게 여길까봐) ┃

『자녀 고민』을 털어놓을 때 상대방이 어떻게 대해주면 마음이 편안해 집니까?

- 잘 들어줄 때, 공감해 줄 때
- 경청, 공감,지지
- 잘 들어주고, 서로의 생각을 솔직하고 자세하게 얘기하면 좋다.
- 무조건적인 "지지" : 사람 문제에 대한 명쾌한 해결은 없기에...
- 경청해주면서 자신의 생각을 정확하게 얘기해줄 때, 나에게 알아서 하라고 하지 않고 서로의 생각을 나눌 때
- 존중하는 마음가짐
- 어떤 상황이든(상대방이 겪지 않았더라도...) 그 처지를 함께 아파하는 공감.
- 내 말이 맞다고 맞장구 쳐 줄 때
- 경청

『자녀 고민』을 이야기 했을 때 상대방이 들려준 말 중에서
기억에 남는 조언이나 충고를 써 보세요.

- 중요한 결정이 필요한 고민에서, '아이만을 생각해라' 라는 충고
- 기다리자. 때가 있다. 그의 인생을 존중하자(내 것이 아니다). 자녀 교육에도 믿음이 전부다.
- 우리가(우리 의지로) 할 수 있는 것은 없다!
- 당신 말만 맞는 게 아니야. 고집 그만 부려!
- 1등이 아니라면 15등과 40등이 무슨 차이? 조금에 할 필요 없다.
- 예수님이라면 어떻게 하셨을까요? 지금은 이 아이가 부족하지만 자라서 "대한민국을 짊어질 소중한 존재" 라는 말
- 「자녀를 만드신 이도 하나님, 자녀를 아프게 하신 이도 하나님, 자녀를 낫게 하신 이도 하나님」 이라는 기도말...
  모든 책임과 아픔을 하나님께 내려놓고 맡기게 되는 기도였으며, 인생의 순간순간에 방향성을 제시해 준다.

『자녀 고민』을 털어놓았을 때 상대방의 충고나 조언으로도
해결되지 않는 부분은 무엇입니까?

- 충고나 조언이 '나의 답' 은 아니다. 결국 해결은 충고나 조언을 참고한 나의 결정에 대한 답...
  내가 답을 가지고 충고를 듣기 때문.내가 원하는 정답을 듣기 원하기 때문에
- 나의 믿음 부족. 여전히 그는 변하지 않고 있다~
- 표준과 보통의 예가 우리 아이에게는 적용되지 않을 때
- 결국 뚜렷한 해결책은 없었다. 그것이 진정한 답이라고 스스로 여겼는지 자꾸자꾸 다시 질문하게 된다.
- 대부분 해결되지 않는다. 상대방의 충고나 조언이 내 마음을 잠시 편하게 만질 뿐... 그저 묵묵히 기도하며... 아이의 때와 길러질 힘을 기다릴 뿐! ┃

자녀 활동

밸런스 게임을 마친 아이들이 모였다. 활동을 설명해 주고 번호표를 나누어 주었다. 아이들은 촉감이 좋은 종이에 인쇄된 예쁜 번호표를 받고 좋아한다. 차례를 기다렸다 자기 순서가 되어 탁자에 앉아 펜을 들고 질문을 읽는다. 진지하게 질문을 읽고 조용히 답을 써 가는 모습이 대견하다. 아이들은 다른 사람이 쓴 답보다는 자기가 뭘 써야 하는지에 더 관심이 있어 보였다. 앞 사람은 뭘 썼는지 읽어 보는 아이가 별로 없었다.

혹시 질문을 잘 이해하지 못하거나 글자 쓰기를 힘들어하는 아이가 있을까 봐 정동준 선생님이 아이들을 살피며 도움을 주었다. 그렇게 아이들은 차례를 기다리며 자기 생각을 써 나갔다. 정동준 선생님의 딸 7살 솔리가 펜을 들었다. 호기심 어린 표정으로 질문을 열심히 읽고 있는데 정동준 선생님이 말했다. "글자 못 쓰는 친구는 이 활동 할 수 없습니다". 솔리의 표정이 금세 바뀌었다. "잉~" 눈물 없이 울음소리를 내 보는 솔리. 그 실망한 표정에 주변 어른들을 포함해 나도 귀엽다고 웃었지만 생각해 보니 미안하기도 하다. '말로 해 주면 내가 써 준다고 할걸 그랬나…'

어쨌든 아이들도 답하기를 마쳤다. 어른들보다 수는 많지만 활동은 더 빨리 끝났다. 밸런스 게임을 마치고 방에서 나온 어른들은 궁금했는지 아이들이 쓴 글을 확인한다. 하나하나 손가락으로 짚어 보며 이야기를 나누기도 하고 자기 아이가 쓴 답을 찾아보기도 하였다.

『친구』라는 말을 들으면 떠오르는 '생각이나 감정'을 낱말로 써 보세요.

예) 우정, 영원, 비밀, 웃음, 가까움, 질투, 짜증, 보고 싶다, 매일 같이 있고 싶다, 나를 좋아함, 나를 싫어함, 부담스러움

웃음.
짜증.
우정, 비밀, 웃음, 영원, 약속, 사랑
웃음, 비밀
좋아해. 기뻐.
우정, 노는 것, 먹기
놀기

『친구』문제로 고민이 생기면 누구와 이야기 합니까? 그 사람을 찾는 이유는 무엇입니까?

예) 부모님께 이야기 합니다. 딱히 다른 사람을 찾기 어렵고, 부모님께 이야기하면 마음이라도 시원해지기 때문입니다.
친구들에게 이야기합니다. 부모님께 알리면 걱정하시기 때문입니다. / 누구에게도 이야기하지 않습니다. 말하기 싫으니까요. 부끄러우니까요.

부모님께 이야기 합니다. 이야기하면 마음이 시원해집니다.
누구에게도 이야기하지 않습니다. 말하기 싫으니까요.
부모님께 가끔 힘들게 얘기합니다. 가끔은 말을 할 때 엄마가 많이 진지하게 말하여 내겐 화 내는 것 같아 못 말할 때도 있고 영 말해야겠다 싶으면 말합니다.
문제없음
엄마. 이유? 편해서.
엄마. 편하다
엄마에게 이야기할 때도 있고, 없을 때도 있다. 왜냐면 못 말할 것도 있고, 말할 수 없는 것도 있어서.

누군가에게 『친구 고민』을 털어놓을 때 그 사람이 나에게 어떻게 대해주면 마음이 편안해집니까?

예) 조용히 듣고 있다가 안아 줍니다. 해결 방법을 알려줍니다. 같이 놀아 줍니다. 같이 시간을 보내 줍니다.

괜찮다고.
해결 방법을 알려줍니다.
해결 방법을 알려주고 같이 있어주어 기분을 가라앉혀주며 위로해 주고 같이 놀아 줍니다.
같이 놀아줍니다.
도와주면 같이 시간을 보내주면 좋겠다.
맛있을 것을 주면.
착하게 맛있는 간식을 주면.

『친구 고민』을 털어 놓았을 때 기억에 남는 상대방의 말이나 행동을 써 보세요.

없음... 나도 없다.
나도... 없다...
문제가 무슨 뜻인지 잘 모르겠지만 잘 말 했다며 나를 도와주겠다는 말과 함께 해결해주는 행동.
편을 들어 줌.
없다...
고민을 받을 적도 들을 적도 없다.
때리지 마

다른 사람이 『친구 고민』을 들어주고 위로해 주지만,
시원하게 해결되지 않은 부분이 있습니까?

예) 다시 친구를 만났을 때 속상한 마음이 떠올랐습니다. / 내 마음은 바뀌었지만 친구는 그대로 삐쳐 있어 힘들었어요.

아니요...
네
네... 아주
아니요, 없어요.
네, 가끔 얘기하면 저의 이야기를 잘 이해를 못해서 힘들고 그러면서도 그 친구가 난 진심으로 좋기 때문에 전 힘들 때도 해 쳐나갈 수 있었습니다. 친구가 내 마음을 빨리 이해했을 때를 기다려야겠습니다.

활동3: 손가락 악수

마지막 활동은 부모와 자녀가 함께했다. 손가락 악수는 현재의 기분과 느낌에 따라 손가락 개수를 달리하며 악수하는 활동이다. 기분이 좋으면 많은 수의 손가락을 펴서 악수하면 되고, 그렇지 않으면 적은 개수의 손가락으로 악수하면 된다. 악수를 한 뒤에는 손가락 개수의 의미를 서로 물어본다. 손가락 악수는 내 기분을 생각해 볼 수 있고 상대방 기분을 알

수 있으며 서로의 체온도 나눌 수 있는 활동이다.

이정석 선생님이 가운데로 나와 손가락 악수 활동 방법에 대해 설명하고 아이들을 위한 시범도 보였다. 한 남자아이와의 악수 후 선생님이 말했다.

"선생님은 토요일에 마을에 이렇게 초대해 주셔서 감사하고 기분이 좋아요. 그런데 일이 있어서 준비해 주신 저녁을 못 먹고 가게 되어서 아쉬움에 손가락 하나를 빼서 손가락 4개. 강현이는 왜 손가락 개수가 0개인가요?"

"여기 나와서 악수하고 말하는데 친구들이 열심히 안 봐 주는 것 같아서요."

풀이 죽어 작게 웅얼거리는 소리를 이정석 선생님이 대신 이야기해 준다. 모두 의자에서 일어나 손가락 악수를 하였다.

"기쁨이는 왜 손가락 5갭니까?"

"여기서 재미있어서…."

"엄마는 기쁨이가 너무 이뻐서 5개 했어."

말이 채 끝나자마자 아이가 엄마 품에 와락 안긴다. 엄마의 미소. 둘의 포옹이 자연스럽고 익숙해 보인다. 저만한 아이 또래인 우리 반 아이들은 가정에서 이렇게 서로의 몸을 맞대고 따뜻함을 느끼고 있을까. 아이가 다른 사람에게 가는 뒷모습을 흐뭇하게 바라보다 엄마도 자리를 옮긴다.

정동준 선생님이 제자 소윤이와 악수한다.

"왜 소윤이는 손가락이 2개인가요?"

"토요일인데 여기서 이러고 있어서…."

그렇게 서로 다른 개수의 손가락들이 오고갔고, 서로의 온기도 나누었다. 영화를 볼 때보다 예배당이 조금은 더 따뜻하게 느껴졌던 것은 전기난로와 뜨거운 음료 때문만은 아니었을 것이다.

이야기 나누기

소감을 나누기 위해 다시 자리에 앉았다.

"활동 재미있었고요. 아이들하고 이렇게 한 번쯤은 교실에서 자유롭게 생각을 나누는 이 활동(손가락 악수) 좋았거든요. 꼭 영화가 아니더라도 교실에서 이야기를 읽고서라도 이렇게 하면 좋겠다고 생각했어요."

"안에서 균형을 잡을 때… 서로 균형을 잡기 위해서는 아픔이 따르더라고요. 다

들 정말 손을 꽉 쥐고 있는데, 아, 평화에 아픔이 따르는 거구나… 이런 것도 감
안해야겠구나 싶어요."

"미디어 교육에 관심이 많아서 스스로도 공부를 하고 있었는데 오늘과 같은 이
런 활동을 교실에서도 꼭 해 보고 싶었어요. 저도 연구해서 제 나름대로 이런 수
업을 해 보고 싶어요. 그리고 아내랑 균형 잡기를 하는데 아, 완벽하게 균형을 못
맞추겠구나 싶었어요. 그런데 사실 우리가 균형을 맞춘 순간도 정밀하게 재 보
면 완벽한 균형은 아니잖아요. 완벽하지는 않아도 서로 계속 노력은 해야겠다,
노력마저 하지 않으면 관계가 깨지는구나 생각했어요. 재미있었습니다."

"… 생각한 것들을 몸으로 유쾌하게 활동으로 만들 수 있다는 걸 알게 되었어요.
저도 학급에서 한 번쯤은 이런 활동들을 해 보고 싶다는 생각이 들었고, 개인적
으로 자녀 고민에 대해서 적어 보면서 나름대로 생각을 정리해 볼 수 있는 시간
이 되었어요. 고맙습니다."

이미식 교수님도 이야기를 꺼냈다.

"제 경험을 이야기하면 선생님들께 도움을 드릴 수 있을까 싶은데…. 저는 어릴
때부터 긴장하며 컸어요. 그래서 지금도 제 팔 근육 신경 중 미세하게 안 펴지는
부분이 있거든요. 우리가 균형이라고 하면 잘 아는 것 같지만 실은 제대로 모르
고 있는 게 많아요. 저는 팔 근육의 미세한 부분이 안 펴지는 걸 균형이라고 생각
하다가 최근 펴려고 하니까 앞서 선생님께서 말씀하신 것처럼 엄청나게 고통스

럽더라고요. (팔을 다 펴고 살 수 있는 게 균형 잡힌 건데.) 많은 사람들은 균형을 맞추면 고통스럽지 않을 거라고 생각하지만 실은 균형을 맞추는 것은 전과 달라지는 것이기 때문에 굉장한 고통이 따를 수 있거든요. 그래서 우리가 평안, 평화라고 하는 기존의 개념(평화는 고요하고 정지된 편안한 상태라는 개념)에서 자유로워질 필요가 있어요. 이런 의도로 (연구소) 선생님들과 활동을 만들어 보았는데 저희들의 의도를 다들 잘 찾아 주신 것 같습니다. 자녀 고민, 자신의 고민이라는 것도 드러나지 않게 그냥 두는 것이 아니라 정말 솔직하게 이야기를 드러내고 나누면서 균형 잡으시면 좋겠어요. 이를 위해 서로를 위한 새로운 모임들이 만들어졌으면 좋겠고. 또 이왕이면 여기 계신 선생님들은 (가까운 사람과 평화를 찾으면서) 아플까 봐 서로에게서 먼 다른 곳으로 가시는 것이 아니라 바로 이곳, 여기 이 모임에서 균형을 찾으며 느끼는 고통, 떨림을 함께 느끼시면 좋겠습니다."

그렇게 자리가 마무리되었다.

주말에 나온 아이들을 위해 정동준 선생님이 레고 미니 피규어를 준비했다. 선물 주위로 아이들이 몰려든다. 선물 받는 아이들의 표정은 항상 밝다.

마을 분들이 모두 떠나고 교수님과 사각형프리즘 선생님들만 다시 모였다. 우리도 오늘 활동을 나누고 정리해야 한다.

이정석 선생님: 밸런스 게임을 아이와 어른들이 모두 했다. 자녀 활동에서 모든 것이 그저 그렇다며 무표정하게 있는 6학년 학생이 있었다. 활동을 하지 않겠다고 할 수 있었을 텐데 그래도 참여해서 서로 균형을 맞추려고 노력하는 모습이 보기 좋았다. 아주 어린 아이들도 많았는데 그 아이들에게는 타이머를 누르고 활동판 위에 올라가는 것 자체가 재미있는 놀이일 뿐 게임의 의미를 알게 하는 것은 힘들 것 같다.

부모 활동을 할 때 어른들은 활동판 위에서 균형을 잡는 순간순간을 느끼고 있었다. 벽면에 적힌 문구를 음미하는 모습을 보았는데 활동과 관련지어 생각할 수 있는 환경을 잘 조성하였다고 생각한다. 전체적으로 학생보다는 어른들을 위한 활동으로 더 잘 구성된 것 같다.

정동준 선생님: 우리 반인 6학년 학생 두 명이 있었다. 학급에서도 비슷하게 행동한다. 에너지가 있을 때는 잘하는데 주말에 온전히 자신들의 시간을 써야 하는데 부모님이 여기 가라고 하셔서 어쩔 수 없이 여기에 온 것 같다. 그래도 아주 솔직하게 활동했고 그 결과도 제가 생각한 대로 나왔다. 이 둘이 힘내도록 일주일간 숙제는 주지 않기로 했다. (웃음)

같은 마을에 있지만 이런 이야기를 나누지 않아서인지 마을 분들이 이렇게 적극적으로 참여하실 거라고는 기대하지 못했다. 말씀하시는 걸 들어보니 참 좋았다. 영화제에서는 영화에 관심이 있어 오는 사람이지만 오늘은 장소를 여기로 정해 두고 시간 되시는 분이 오신 거였는데 그래도 (영화 읽기 활동 결과가) 기대 이상이었다. 학생들은 영화를 보고 활동하는 시간이 길어서 집중하지 못할 줄 알았다. 그런데 2학년인 한 학생에게 친구에 대해 이야기하라니 영화의 내용을 말하는데 영화 맥락도 이해하고 있는 것을 보고 놀랐다. 시간을 묵혀두고 나중에 다시 이 시간에 대해 물어보고 싶다. 오늘을 어떻게 기억할지 기대된다.

조선혜 선생님: 포스터, 활동지, 안내지가 너무 예뻤다. 준비해 주신 정동준 선생님께 감사하다. 비가 와서 쌀쌀한 날씨에 따뜻한 환대가 대비되어 느껴졌다.

모든 활동에서 무언가 의미를 찾고 배우려 하시는 마을 분들의 의지가 보였던 것 같다. 앞으로 이 활동을 할 때 비슷한 문제를 생각하고 고민하시는 분들을 대상으로 하는지, 의지와 상관없이 시간되시는 분들을 대상으로 하는지에 따라 반응이나 결과가 많이 다르지 않을까. 마을 분들이 활동하시며 의미를 찾으려고 하셔서 오히려 더 솔직해지기 힘드셨을 것 같기도 한데 그래도 다섯 가지 물음에서는 우리가 생각했던 답을 찾으신 것 같아서 기쁘다. 오늘 생각하신 것들을 삶에 잘 적용하시면 좋겠다.

강한아 작가님: 이런 활동을 처음 보는데, 영화를 가지고 이런 활동을 만들 수 있다는 것에 놀랐고 그동안 (활동을 하기 위해) 얼마나 많은 에너지와 시간이 들었을지 궁금하다. 아직 자녀가 없어서인지 영화가 어른들보다 아이에게 잘 맞춰진 영화라는 생각이 들었다. 짧은 영화 하이라이트 영상 속 대사를 보니 주인공의 감정 변화가 깊게 와닿는 것 같아 저런 장면이나 대사로 활동을 만들어도 재미있을 것 같다는 생각이 든다. 유익한 시간이었고 앞으로도 기대가 된다.

안성희 감독님: 아마 (마을 분들이) 더 도움을 받으려고 이 프로그램을 요청하셨을 텐데 이미 준비가 되어 있으셔서 활동의 의미를 잘 찾으신 것 같았다. 마을 공동체 분들께 더 관심이 생겼다.

이태윤 선생님: 밸런스 게임이나 손가락 악수는 직관적이라 우리가 해 보면서도 바로 느낌이 왔는데 다섯 개의 물음과 같은 이런 지적인 활동은 너무 '도덕스럽다'는 생각이 들어 걱정되었다. 그래서 3, 6학년 학급에서 선생님들 몇 분이 이 활동을 미리 해 보았다. 4, 5번 질문에 대해서 학생들이 답을 잘 못 하는 걸 확인하고 조금 고쳐 오기는 했다.

어른 활동은 우리가 생각한 흐름대로 되었다. 이 활동을 세 번째 하는데 할 때마다 느끼는 바가 많다. 마을 분들도 많이 느끼고 깨달으셨을 것 같다. 특히 "균형을 잡을 때 평화롭기 위해서는 아픔이 따른다"는 말이 기억에 남는다.

고생하신 선생님들 모두 감사하다.

후세대마을 ⓒ 류철형

해설

은유와 상징
영화 음악
인터뷰

은유와 상징

완두콩 배

    개막작 상영이 끝났다. 관객의 박수와 감독의 답례가 이어졌다. 하늘연극장 로비에는 토마스 감독과 사진을 찍으려는 사람들이 줄을 서 있었다. 코가 높고 눈이 푸른 전형적인 독일 사람 토마스는 하얀 이를 드러내며 엄지를 치켜세웠다. 충분히 그럴 만했다. 관객들은 들뜬 표정으로 극장을 빠져나가며 옆 사람에게 자신의 감상평을 쏟아냈다. 〈완두콩 배의 롤라〉가 역대급 개막작으로 자리매김하는 순간이었다. 관객들이 빠져나간 조용한 로비에서 토마스와 인사를 나누고 기념 촬영을 했다. 이런 순간은 기념으로 남겨야만 한다는 강박이었나?

영화가 끝난 뒤 사람들은 무슨 이유로 그렇게 소리를 지르며 박수를 쳤는지 궁금해졌다. 나 또한 그랬는데 왜 그랬는지 짚어보았다. 쉽게 정리되지 않았다.

'왜 그랬지?'

숲으로 둘러싸인 아담한 호수.
어느 날 배 한 척이 호수에 들어온다.
젊은 부부와 어린 여자아이 한 명이 배에서 살았다.
몇 년 뒤 젊은 아내와 아이만 남겨둔 채 남편은 사라졌다.

© Sabine Finger

영화가 시작하고 5분쯤 지났을까? 아, 이런. 분명 전체 관람가인데, 어린 관객도 많은데, 이를 어쩌나. 롤라와 엄마는 완두콩 배 갑판의 파란 물탱크에 샤워 꼭지를 연결하고 빨랫줄과 낡은 천으로 대충 가려 놓은 간이 샤워장에서 몸을 씻는다. 사생활 보호가 전혀 안 되는 구조이다. 때마침 영화 속에서도 바켈트와 그의 아들이 보트를 타고 가다가 이 모습을 보고 넋을 놓게 되었으며 결국 강가에 정박해 놓은 다른 배와 충돌한다. 배나 자동차나 운전대를 잡으면 운전에만 집중해야 한다. 바켈트의 배가 '쿵' 소리를 내며 충돌하는 순간 고소하다는 생각이 들어야 하는데 목이 뻣뻣해졌다. 몸 하나 가려 줄 샤워장도 없이 살아야 하는 모녀의 안타까운 삶을 느끼지 못한 내 인식 수준이 가엾은 모녀를 호수에서 쫓아내려는 바켈트의 수준과 비슷했다는 생각이 들었기 때문이다. 영화는 다음 장면으로 이어지고 눈과 귀는 화면을 따라갔지만, 머릿속에서는 오랜 시간 마을 사람들의 편견으로 롤라 모녀가 겪었을 법한 에피소드가 꾸물꾸물 꼬리를 이어 나갔다.

물결이 생길 때마다 흔들리는 완두콩 배처럼 롤라 모녀의 삶도 이리저리 흔들린다. 롤라는 자신을 떠난 친아빠와 엄마의 새 남자친구 쿠르트 사이에서 갈팡질팡한다. 자신의 유일한 친구인 레빈을 도와주려 하지만 어찌된 영문인지 일은 점점 꼬여만 가고 결국에는 레빈과도 멀어진다. 롤라만 그런 게 아니다. 롤라 엄마 라흐만도 롤라와 쿠르트 사이에서 외줄을 탄다. 둘 다 놓칠 수 없고 놓치기 싫은 그녀지만 혼란스러워하는 롤라의 모습에 쿠르트와 헤어진다. 여성의 삶을 내려놓고 엄마로만 살아야 하는 자기 삶이 원망스럽지 않았을까? 그럼에도 영화 속 롤라 모녀는 수많은 오해와 역경을 차례로 이겨낸다. 마치 한쪽으로 기울어지면 반대쪽으로 다시 기울면서 균형을 잡는 완두콩 배처럼.

롤라와 라흐만뿐 아니라 영화에 등장하는 인물은 크고 작게 흔들리며 살아간다. 초등학교 동창 바켈트와 친밀한 관계를 유지하고 싶지만 바켈트가 미워하는 라흐만에게 마음을 뺏긴 지역 경찰 슈트루베, 지금은 작은 음식점을 운영하는 초라한 늙은이지만 젊은 시절 케이프 혼의 거친 폭풍을 뚫고 살아남은 강인한 마도로스의 기억에서 벗어나지 못해 잔디깎이 배를 만들며 살아가는 졸름젠, 안전한 삶을 찾아 독일로 들어왔지만 불법 체류자로 살아가야 하는 레빈 가족, 호수의 주인이자 지역 유지이지만 아무도 자신을 인정해 주지 않아 괴로워하는 바켈트, 학교 다닐 때부터 말썽 부리던 제자가 어른이 되어서도 너그러워지지 못하는 모습에 안타까워하는 쿠바르트 선생님. 하지만 이들의 삶은 흔들리지만 침몰하지 않는다.

균형은 작용과 반작용이 동시에 일어나는 상태이다. 롤라 가족이 무너지려 할 때마다 주변 사람들은 이들에게 손을 내밀고 일으켜 세우며 토닥인다. 롤라와 라흐만이 다툴 때는 레빈과 졸름젠이 위로한다. 롤라와 레빈이 멀어지게 되었을 때는 쿠르트가 돕는다. 라흐만과 쿠르트가 헤어졌을 때에는 롤라가 관계를 회복시킨다.

© Sabine Finger

균형은 흔들림 위에 놓여 있다. 작은 물결에도 흔들리며 균형을 잡아 가는 완두콩 배처럼 우리 삶이 흔들릴 때마다 균형을 잡으려는 노력이 평화를 만든다. 영화 속에서 롤라 가족이 살고 있는 완두콩 배는 흔들리며 살아가는 롤라 가족의 은유를 넘어 '균형'을 찾으려는 진동과 노력이 '평화'를 만든다는 의미로 이어진다.

도망치기, 숨기

아이들에게 복도에서 걸어 다니라고 그렇게 말을 했지만 딱히 효과를 본 기억은 없다. 자기 꿈이 육상선수라고 말한 아이는 아무도 없었지만 자기 눈에는 기다란 복도가 마치 실내 육상 경기장으로 보였나 보다. 가끔 한 아이가 세렝게티 초원의 표범처럼 전속력으로 내 옆을 지나가고 뒤이어 얼굴이 벌겋게 달아오른 아이 몇이 사자 무리처럼 씩씩거리며 그 아이를 쫓아가는 모습을 본다. 신규 교사 시절 선배 교사가 이런 말을 해 주었다.

"아이들은 기운이 발에 있어서 막 뛰어다녀. 나이가 들수록 기운은 위로 올라가지. 그러다 기운이 입으로 옮겨 가면 나처럼 말만 많아져."

영화는 아이들이 뛰는 장면으로 시작한다. 정확히는 롤라가 친구들에게 쫓기는 장면으로 시작한다. 롤라가 화장실도 없는 배에 산다고 놀려 대는 케빈 얼굴에 케이크를 문질러 버렸기 때문이다. 원인은 케빈이 제공했는데도 아이들은 롤라를 쫓아간다. 하지만 롤라는 부당한 일을 겪었다고 해서 엄마나 선생님에게 도움을 요청하지 않는다. 두터운 편견의 벽이 롤라와 아이들 사이에 놓여 있음을 느끼기 때문이다. 아이들이 외계인이라고 놀려도 그저 듣고 넘긴다. 롤라는 호수에 외롭게 떠 있는 완두콩 배처럼 쓸쓸하다.

© Sabine Finger

© Sabine Finger

관객들이 롤라에게 연민을 보낼 즈음 어쩌면 롤라보다 더욱 어려운 처지에 놓인 레빈이 등장한다. 레빈은 쿠르드족 박해를 피해 터키에서 독일로 숨어들어온 불법 체류자이다.[2] 합법적으로 살아갈 수 없는 레빈 가족은 '투명인간'처럼 살 수밖에 없다. 그들은 빛이 들지 않는 지하에서 살아가고, 아파도 병원에 갈 수 없다. 가게 주인이 부당하게 대하더라도 항의할 수 없는 데다 경찰만 보면 풀숲으로 몸을 숨겨야 한다.

〈완두콩 배의 롤라〉에서 등장인물이 도망치고 숨는 장면은 '관계의 균형을 상실한 모습'을 은유적 표현한 것이다. 오해를 푸는 방법은 소통밖에 없다. 자신의 처지에서 자기가 느끼는 생각과 감정을 겉으로 드러내지 않으면서 다른 사람에게 이해 받기는 어렵다. 사람이 자기 의사를 표시하는 것은 본능이다. 갓난아기도 배가 고프면 목청껏 울어 댄다. 그러면 누군가 해결해 준다. 하지만 이런 원초적인 자기표현은 사회화 과정에서 서서히 사라진다. 자기 마음이 들킬까 봐, 다른 사람이 자기를 평가할까 봐 전전긍긍하며 마음속에 감정의 벽돌을 쌓는다. 높다랗게 쌓인 감정은 어떤 계기를 만나면 '분노'가 되어 한꺼번에 쏟아진다. 개인심리학의 창시자 아들러Alfred Adler는 분노는 자기 의지를 관철시키기 위한 방법으로 이용되지만 분노가 커질수록 이런 효과는 사라지고 주변 사람들과 쉽게 갈등 관계에 빠진다고 했다. 분노는 다른 사람에 대한 적대적인 태도이기 때문에 분노를 드러낼수록 공동체 의식은 사라진다. 롤라는 엄

---

2) 쿠르드족은 터키, 이란, 이라크, 시리아, 아르메니아에 거주하고 있는 소수 민족으로 분리 독립 운동을 하고 있다. 터키와 이란, 이라크는 정부에 대한 자국민의 불만을 쿠르드족 박해로 완화시키려 하는 것으로 알려져 있다(출처: KIDA 세계분쟁 DB).

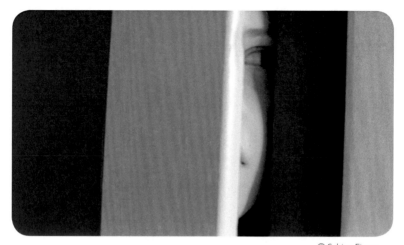

© Sabine Finger

마가 쿠르트와 점점 가까워지자 불안해진다. 하지만 자기 마음을 진지하게 드러내지 못한다. 그러던 어느 날 롤라는 가방과 옷을 호수에 던지고 옷장에 숨어 버리는 행동으로 자신의 분노를 표시한다. 이렇게 해서라도 엄마와 쿠르트가 자신의 감정을 알아주고 관계를 정리하길 원했기 때문이다. 롤라가 물에 빠진 줄 알았던 엄마와 쿠르트는 이 일로 충격을 받고 결국 헤어진다. 롤라의 극단적인 행동과 오해가 라흐만과 쿠르트에게 큰 상처를 주었지만 그렇다고 해서 모든 책임이 롤라에게만 있는 것은 아니다. 라흐만과 쿠르트 역시 자기 마음을 롤라에게 솔직하게 털어놓지 못하고 어정쩡한 거리를 유지했기 때문에 오해를 쌓고 말았다. 영화 속 등장인물이 도망치고 숨을 때마다 사건은 복잡하게 꼬이고 갈등은 깊어졌다.

축제

© Sabine Finger

　롤라의 생일을 축하해 주려고 레빈 가족이 완두콩 배로 찾아왔다. 레빈의 아버지 키칠한이 라흐만에게 롤라의 생일을 축하해 주고 싶다고 한다. 라흐만이 대답했다.

　"전부 다 배에 올라오세요."

　키칠한은 숨을 고른 뒤에 다시 물어본다.

　"전부 다요?"

　라흐만은 뭘 자꾸 물어보냐는 표정으로 확인시켜 준다.

　"네, 전부 다요!"

키칠한이 고개를 뒤로 돌려 신호를 보내자 숲속에서 레빈의 친척들이 줄줄이 나온다. 쿠르드인은 파티가 있을 때면 일가친척이 모두 모여 지겨울 때까지 즐기는 전통이 있었기 때문이다. 긴 행렬의 끝에 쿠르트가 서 있다. 라흐만은 상기된 표정을 겨우 감추며 묻는다.

"어떻게 된 건지 설명할 거지?"

쿠르트는 백마 탄 왕자처럼 달달하게 속삭인다.

"물론이지, 나중에."

호사다마好事多魔. 사람 사는 곳에 좋은 일만 있을 수는 없는 법. 호수 주인 바켈트가 느닷없이 나타나더니 항구에서는 파티가 금지되어 있다는 규정을 들먹이며 시비를 건다. 그러나 악당이 있으면 영웅도 있는 법. 위대한 항해사 졸름젠 할아버지가 잔디깎이 기계를 개조해 만든 보트를 몰고 나타난다.

졸름젠의 보트에 옮겨 탄 사람들은 호수를 가르며 아코디언, 탬버린, 터키 전통악기 사즈로 흥을 돋운다. 마치 오랫동안 알고 있었던 사람처럼 그들은 상대를 가리지 않고 손을 잡고 몸을 흔든다. 같은 시간에 바켈트의 정원에서도 파티가 열린다. 플루트, 클라리넷, 트럼펫, 호른, 색소폰, 트롬본으로 구성된 밴드가 연주를 하려고 하지만 이들이 만들어 내는 소리는 불협화음일 뿐이다.

호수를 가로지른 졸름젠의 보트는 바켈트의 정원 가에 정박하고 보트에 탄 사람들은 바켈트의 정원으로 이동한다. 조금 뒤 믿어지지 않는 상황이 펼쳐진다. 아코디언, 탬버린, 사즈의 신나는 연주는 불협화음 오케스트라를 각자의 개성을 살리면서도 조화를 이뤄내는 재즈 연주로 바꾸고 오랜 시간 차별과 편견, 오해 속에서 살았던 마을 사람들을 화해시킨 것이다. 외계인 롤라와 투명인간 레빈이 마을을 바꿨다.

터키 전통악기와 오케스트라 악기의 합주가 만드는 축제는 '제도적이고 구조적인 안정'을 표현하는 은유이다. 건강한 관계는 어느 누구의 목소리도 무시하지 않으면서 그 목소리가 조화를 이룰 때 만들어진다. 영원히 강한 사람도 없고 늘 소외만 당하는 사람도 없다. 같은 사람이라도 그가 처한 위치에 따라 강해지기도 약해지기도 한다. 누구든 자신의 목소리를 낼 수 있다. 하지만 자신의 의견만 옳다고 고집을 피우거나 힘 있는 목소리를 따라가는 태도는 조화를 이루지 못한다. 갈등 속에서 그 진통을 섬세하게 느끼며 거기에서 조화를 찾아가는 것, 그것이 축제다.

© Sabine Finger

음악의 기능

우리는 뱃속에서부터 엄마의 목소리, 노랫소리를 듣고 자라 왔다. 아빠, 엄마라는 소리를 내기 전부터 입술을 떼었다 붙일 때 생기는 파열음으로 리듬을 만들었고, 엄마의 자장가를 들으며 잠이 들었다. 규칙적으로 배를 문지르며 불러주셨던 '엄마 손은 약손'이라는 구음은 가끔 약보다 효험이 좋았다. 다이앤 애커먼_D. Ackerman_은 『감각의 박물학_A Natural History of the Senses_』에서 언어와 선율이 합쳐지면 사람의 넋을 빼놓을 수도 있다고 했다. 누가 이 불에 오줌을 쌌다는 소문은 '누구누구는 어젯밤에 오줌 쌌대요, 오줌 쌌대요'라는 선율에 실려 온 동네로 퍼져나갔다. 지금까지도 공포 영화의 전형으로 꼽히는 히치콕의 〈사이코〉는 작곡가 버나드 허먼_B. Herrmann_ 덕분에 역사에 남을 긴장감을 만들었다. 이 영화에서 허먼은 7화음과 9화음의 불협화음을 오스티나토 기법으로 반복해서 들려주며 관객들을 오싹하게 만들었다.[3]

1990년대 중반쯤 노래방이 나타났다. 선곡 책에서 세 자리나 네 자릿수 번호를 찾아 기계에 입력한 뒤 시작 버튼을 누르면 순식간에 방은 어두워지

---

3) 박은경, '영화에서의 긴장감을 표현해내는 음악기법의 종류: 영화 〈사이코〉를 중심으로', 《음악응용연구》, 한국음악응용학회, 2009, pp.75~92.

고 화려하면서 음침한 조명이 들어왔다. 반주에 맞춰 화면 글자가 볼드체로 바뀌면 에코가 과도하게 설정된 마이크를 잡고 노래를 불렀다. 1998년 2월. 월드스타 레오나르도 디카프리오 주연 〈타이타닉_{Tatanic}〉이 개봉했다. 전석 매진과 3시간이 넘는 상영 시간을 처음 경험시켜 준 영화. 영화가 개봉하고 한 달쯤 지나 디카프리오의 매혹적인 눈빛도 가물가물해질 무렵 노래방 신곡 목록에 「My Heart will go on」이 탑재됐다. 셀린 디온이 4옥타브를 넘나들며 부른 이 노래를 입대를 앞둔 스물두 살짜리 남자 셋이 목이 터져라 불렀다. 이십여 년이 넘었지만 요즘도 그 노래를 들으면 영화 속 몇 장면이 파노라마처럼 지나간다. 곧이어 영화를 보았던 극장, 같이 보았던 친구 얼굴, 고함을 질러 댔던 노래방이 겹쳐진다.

영화와 영화를 보았던 시기와 그 시절 내 모습을 떠올리게 하는 음악이 더러 있다. 반주하는 누나에서 노래하는 누나로 관심을 옮기게 만든 〈시스터 액트_{Sister Act, 1992}〉의 「I will follow him」, 작은 화분을 손에 들고 따라 불렀던 〈레옹_{Leon, 1994}〉의 「Shape of my heart」, 뜨겁고 슬펐던 첫사랑의 기억을 끄집어내는 〈러브레터_{Love Letter, 1995}〉의 「Winter story」.

영화 음악은 영화 덕분에 생명을 갖게 되었지만 어쩌면 영화보다 더 긴 생명력을 가지고 때때로 영화를 다시 살려낸다. 영화의 극적인 장면을 돕는 것도 영화 음악의 몫이다. '그 장면'은 '그 음악'과 겹쳐지며 우리 가슴에 '아!'로 새겨진다.

<완두콩 배의 롤라> 음악 읽기

영화 음악은 영화의 진행을 보완하고 관객의 몰입을 도우며 등장인물의 기분이나 성격을 나타낸다.[4] 영화 음악에는 <시스터 액트>의 OST인 「I will follow him」과 <라디오 스타_{Radio Star, 2006}>에 나오는 「비와 당신의 이야기」처럼 영화 속 등장인물이 부르는 소스 음악_{Source Music}과 <레옹>, <타이타닉>, <러브레터>의 주제곡처럼 영화 곳곳에 배경으로 삽입되어 관객만 들을 수 있는 스코어 음악_{Score Music}이 있다. <롤라>에는 메인테마 스코어 음악과 영화 속 등장인물이 부르는 소스 음악이 서로 다른 역할을 하며 영화 진행과 몰입을 돕는다.

메인 테마의 변주

서로 다른 문화가 만나서 섞이듯 영화의 메인 테마도 영화의 안과 밖을 연결하며 참신한 변주와 화음을 만든다.

<롤라>의 메인 테마는 영화에서 세 가지로 변주된다. 처음에는 친구들과 섞이지 못하고 연못에서 혼자 지내지만 현실을 이겨내려는 롤라의

---

4) 강효욱, '영화음악이 영상에 미치는 효과: 영화 <인생은 아름다워(Life is beautiful)>를 중심으로', 《Culture and Convergence》 제39권 1호, 한국문화융합학회, 2017, p.29.

모습이 힘찬 '클래식' 연주로 표현된다. 영화 중간, 롤라가 자신을 놀리는 케빈 얼굴에 케이크를 문지르고 도망치는 장면에서는 메인 테마가 마치 롤라의 마음처럼 통쾌한 '록' 밴드 연주로 바뀐다. 영화의 끝부분, 그동안 대립하던 인물들이 바켈트의 정원에 모여 축제를 즐길 때 메인 테마는 영화 속 여러 악기의 즉흥 연주를 섞어 놓은 '재즈'로 변주된다.

심리적 거리

© Sabine Finger

영화 음악은 영화에서 등장인물 사이의 거리를 표현한다. 〈완두콩 배의 롤라〉에서는 롤라와 아빠의 심리적 거리를 곡의 느낌과 길이로 표현했다. 롤라가 잠자리에 들면 액자 속 아빠는 자장가를 불러준다. 롤라는 부드럽고 달콤한 아빠의 노래를 들으며 다시 만날 날을 기다린다. 하지만 롤라가 액자 옆에 새로 산 구두를 놓아 둔 저녁에 아빠는 자장가를 부르다 멈춘다. 사랑하는 사람에게는 신발을 선물하면 멀리 떠난다는 속설 때문인지 액자 속 아빠는 노래를 멈춘다. 쿠르트가 동물원에서 롤라에게 공작 깃털을 선물해 준 날 저녁 액자 속 아빠는 졸름젠 할아버지의 전주가 끝날 때쯤 노래를 부르지 않고 떠나간다. 영화 속에서는 아빠가 롤라에게 실망해서 떠나간 것처럼 보이지만 사실은 롤라 마음이 흔들린 것이다. 쿠르트가 롤라에게 뿔소라를 선물한 날 롤라는 포장을 뜯기 전에 아빠 사진 액자를 덮는다. 아빠의 자장가도 나오지 않는다.

문화의 차이와 극복

2015년 칸영화제에서 황금종려상을 받은 작품은 자크 오디아르 감독의 〈디판$_{Dheepan}$〉이었다. 영화제에서 상을 받은 작품이라 하더라도 꼭 보고 싶다는 마음이 생긴 적은 별로 없었다. 그런데 〈디판〉 포스터를 보는 순간 이상한 호기심이 생겼다. "낯선 이들, 서로를 끌어안다"라는 로

그라인을 보며 영화의 줄거리를 찾아봤다. "내전을 피해 망명하기로 한 주인공은 브로커에게 '디판'이란 남자의 신분증을 산다. 처음 만난 여자와 소녀를 자신의 가족처럼 꾸민 뒤 위험을 무릅쓰고 프랑스에 도착한 그는⋯" 가슴이 내려앉았다. 아, 그렇지. 유럽은 오래전부터 여러 인종과 국적이 섞인 문화이고, 유럽과 그 주변에서 끊임없이 발생한 전쟁과 내전은 비자발적인 인구이동을 초래했다. 그들에게 '다문화'는 일상적인 삶의 일부지만 나에게는 하나의 개념일 뿐이었다. 그리고 보니 부산국제어린이청소년영화제BIKY나 부산국제영화제BIFF에서 보았던 작품 중에는 다문화 사회에서 일어나는 문제를 표현한 작품이 많았다. 그들은 여전히 해법을 모색하고 있고, 약자에 대한 배려와 존중 그리고 다른 이들에 대한 관용의 가치를 외치고 있다.

〈완두콩 배의 롤라〉 역시 이러한 배경을 공유한다. 살길을 찾아 독일로 스며든 터키계 쿠르드인 가족이 타지에서 살아가는 과정을 담고 있기 때문이다. 낯선 나라에서 살아가야 하는 사람들에게 가장 큰 장애물 중 하나는 '문화적 차이'이다. 자신의 문화를 지키면서 그 나라 문화와 어우러지는 삶이다. 〈완두콩 배의 롤라〉의 음악은 이러한 차이와 극복을 세심하게 보여 준다.

레빈은 이모의 결혼식에 롤라를 초대한다. 가장 예쁜 옷을 입고 앞머리를 두 갈래로 땋아 마치 월계관을 쓴 것처럼 꾸민 롤라는 결혼식장에 들어선다. 그러자 이전까지 들려준 음악과 분위기가 다른 곡이 흘러나온다. 당김음 두 개가 연달아 나오고 8박 단위로 반복되어 어깨를 들썩이게 만드는 선율이다. 연주에 맞추어 롤라는 레빈의 동생이 알려 주는 대로 스텝을 밟으며 춤을 춘다. 롤라가 레빈의 문화에 어우러지는 순간이다. 레빈은 자신의 문화에 롤라를 초대했고 롤라는 응답했다. 하지만 레빈의 아빠는 이방인의 침입을 경계해서 롤라를 쫓아낸다. 아이들은 경계심을 쉽게 놓을 수 있지만 어른의 벽은 여전히 높다.

롤라의 생일. 우여곡절 끝에 레빈의 가족들도 롤라에 대한 오해를 풀고 생일을 축하해 주러 완두콩 배를 방문한다. 그들은 졸름젠의 보트에서 전통 음악을 연주한다. 이번에는 롤라뿐 아니라 롤라의 엄마, 쿠르트, 쿠바르트 선생님과 졸름젠까지 함께 춤을 춘다. 마치 재즈처럼 쿠르드 전통 악기와 독일의 전통 악기가 주선율을 공유하며 개별 악기의 소리를 살려 내는 마지막 장면은 낯선 문화가 융합될 수 있는 가능성과 융합이 만들어 내는 힘을 느끼게 해준다. 음악과 함께하는 '결혼식-롤라의 생일 파티-마을 축제'로 이어지는 과정은 문화의 융합이 작은 단위에서 점차 큰 단위로 나아갈 수 있음을 암시한다.

인터뷰의 기능

경험에 대한 이야기를 자세히 말하는 것은 역사가 기록된 이래로 인간이 자신의 경험에 의미를 부여하는 주요한 방법이 되어 왔다. 인터뷰는 행동을 그 행동이 일어난 맥락 안에서 해석하는 과정이기 때문에 그 사람의 행동에 담긴 진실을 이해하는 데 도움이 된다.[5] 등장인물이 카메라를 직접 보며 이야기하는 인터뷰 양식은 이야기 속에서 마치 감독의 목소리와 유사한 권위를 가지기 때문에 등장인물의 이야기에 믿음을 준다.[6]

〈완두콩 배의 롤라〉에서는 다큐멘터리 영화처럼 인터뷰 장면을 활용하여 특별한 분위기를 만든다.

---

5) IRVING SEIDMAN 저, 박혜준·이승연 역, 『질적 연구 방법으로서의 면담』, 학지사, 2009, pp.30~34.
6) 조현준, 「다큐멘터리에서의 인터뷰 활용 방식 연구」, 《씨네포럼》, 2013, pp.119~128.

<완두콩 배의 롤라>에서 인터뷰 장면의 역할

① 첫 번째 인터뷰: 호기심

"맞아요. 아이들 모두 나를 이상하게 생각해요. 특히 목 뒤의 이 자국 때문에요. 하지만 이건 저에게 신성해요. 왜냐하면, 그건 비밀이에요."

롤라는 감독과 대화하듯 이야기를 꺼낸다. 화면에 나오기 전부터 깊은 대화가 오고 간 모양이다. 롤라는 아주 익숙하게 신성한 비밀이 담긴 목 뒤에 있는 자국을 이야기한다. 관객은 롤라의 이야기를 엿듣는 느낌을 받게 되어서, 목 뒤에 있는 자국에 호기심을 갖게 된다. (그것은 아빠의 키스 자국이었다.)

특히 목 뒤의 이 자국 때문에요
It's mostly because of this mark on my neck.

© Sabine Finger

"저희가 사는 배 이름이 완두콩이에요. 전에 제가 어렸을 때 밤새 울었 대요. 잠을 잘 수가 없어서요. 아무도 이유를 몰랐는데 다음 날 아침 아 빠가 제 매트리스 밑에 숨은 부스러기를 발견하셨대요. 공주와 완두콩 이야기처럼요. 그리고 전에 아빠가 그 이야기를 읽어 주셨어요. 매일 밤 잠들기 전에 이야기를 읽어 주셨죠. 늘 자장가도 불러 주셨고요. 아빠가 직접 작곡하신 곡이에요. 아빠는 뮤지션이세요."

롤라는 관객에게 자신의 처지를 설명한다. 롤라가 관객을 정면으로 쳐 다보면서 이루어지는 인터뷰는 관객과 일대일로 대화하는 느낌을 준다. 관객과 롤라의 심리적 거리가 급격하게 가까워진다.

덧붙여 감독은 쿠르드 난민의 처지를 인터뷰를 통해 직설적으로 설명한다. 무겁고 어려울 수 있는 이야기를 롤라를 통해 쉽고 따뜻하게 표현한 것이다.

© Sabine Finger

"그 애가 말한 불법의 의미를 잘 몰랐어요. 여기서 몰래 살아야 하는 사람이 있는지 몰랐죠. 자기 나라에서는 살 수 없어서인지 쫓겨 나와서인지는 모르겠지만요. 레빈의 나라는 이렇대요. 독일이 세 개로 갈라졌다 생각해 보세요. 갑자기 그 셋이 각각 다른 나라에 속해진 거예요. 그리고 아무도 우리가 거기에 사는 걸 원하지 않고요. 대충 그렇게 된 것 같아요."

③ 세 번째 인터뷰: 공감

"가끔 궁금했어요. 아빠가 그냥 떠나고 싶었던 게 아닐까 하고요. 꼭 가야 했던 게 아니고요. 어떤 여자가 있었는데 바켈트 밑에서 일했어요. 한번은 아빠가 그 여자와 한참 애기하길래 제가 계속 귀찮게 굴었어요. 아빠는 화가 많이 나서 조용히 하라고 하셨죠. 집에 오는 길에 아빠는 한마디도 안 하셨어요. 그 뒤로 저한테 한마디도 안 하셨죠. 다음 날 아빠가 떠나셨어요."

© Sabine Finger

눈으로 보는 것보다 듣는 게 더 공감을 일으킬 때가 있다. 완두콩 배를 직접 만들었던 아빠가 가족을 버린 이유는 영화 내내 관객을 궁금하게 했다. 아빠가 어떤 여자와 이야기를 나누는 데 롤라가 아빠에게 엉겨 붙은 회상 장면이 영화 속에 들어가긴 부담스러울 수도 있다. 사람은 거리가 가까워질수록 더 깊은 이야기를 나눈다. 어쩌면 롤라에게 가장 감추고 싶은 이야기는 아빠가 사라진 사건일 수 있다. 왜냐하면 아빠가 떠나는 데에는 자기 몫이 섞여 있다고 자책하기 때문이다. 흐트러진 머리카락과 주름진 두꺼운 담요, 어두운 조명은 힘겨운 추억을 꺼내어 털어놓는 롤라의 복잡한 심경을 보여 준다.

④ 네 번째 인터뷰: 여운

롤라: 그러니까 그 편지에서 미안하다고 쓰셨어요. 아빠가 잘못한 것과 오랫동안 연락 못해서 미안하다고요. 하지만 저는 언제나 아빠의 완두콩 배 위의 롤라예요. 언젠가 아빠를 만나러 와도 된대요. 저도 그럴 거예요. 하지만 우선 레빈이 무사하도록 해야겠어요. 쿠바르트 선생님이 다 해결하실 거예요. 게다가 레빈에게 친구도 생겼어요.

레빈: 제일 좋은 부분 다 지나가.

롤라: 친구는 서로 돕는 거예요.

레빈: 네, 맞아요. 친구는 서로 모든 얘길 다 하고요. 자, 빨리 가자.

롤라: 친구란 그런 거니까요.

레빈: 맞아요.

친밀한 사람 사이에서는 헤어질 때 배웅하는 것이 예의이다. 영화의 끝부분에서야 롤라는 아빠를 이해하게 된다. 롤라에게 아빠의 빈자리를 메워 줄 친구가 나타난 것이다. 롤라는 자기 삶을 견뎌내고 즐길 준비가 되었으니 더는 자기 걱정은 그만하라는 듯 말한다.

관객은 롤라의 인터뷰 장면을 보면서 영화에 몰입하고 등장인물과 거리를 두며 성찰도 하다가 결국 롤라에게 마음을 빼앗기고 그녀의 친구가 된다.

© Sabine Finger

해제

평화 관점에서 본 〈완두콩 배의 롤라〉

평화 관점에서 본 〈완두콩 배의 롤라〉

지금까지 〈완두콩 배의 롤라〉를 읽어 보고, 이 내용을 '평화'라는 주제로 체험할 수 있는 활동을 보여드렸습니다. 그런데도 뭔가 모자란 느낌이 들어 조금 덧붙이려 합니다. 여기서는 조금 더 전문적인 자료를 토대로 평화의 의미를 자세히 설명하고, 이 책을 수업에 적용할 선생님들을 위해 학교에서 평화를 가르칠 때 도움이 될 만한 방향을 제안해 보겠습니다. '해제'이니만큼 쉽게 풀어쓰려 노력했지만, 몇 가지 전문 용어는 그대로 옮겼습니다.

먼저, 우리가 〈완두콩 배의 롤라〉를 '평화'라는 가치로 연결한 까닭을 설명해 보겠습니다. 이 부분을 궁금해하는 분이 많을 테니까요.

영화가 시작하면 경쾌한 음악과 함께 원피스를 입은 소녀가 골목에서 달려 나오고 곧이어 아이들 한 무리가 소녀를 쫓아갑니다. 마치 화면을 뚫고 나올 것 같은 기세지요. 우리는 아이들이 넘어지지 않고 달려가는 모습에서 역동적인 균형을 느꼈고, 역동적으로 균형을 잡으며 살아가는 과정이 '평화로운 삶'이라고 생각했습니다. 그래서 주제를 '평화'로 잡았습니다. 그런 다음 달리는 아이들의 시각으로 영화를 읽었습니다. 넘어지지 않고 달리려면 우선 자기 몸의 중심을 잘 잡아야 하고, 옆에 있는 친구와 부딪히지 않게 조심해야 하며 장애물이 없는지 살펴야 합니다. 자신, 타인, 상황의 변화에 민감해지고, 세 요소가 결합하여 만들어 내는 변화에 유연하게 적응하며 달리는 과정은 '평화로운 삶'을 설명하기에 딱 맞는 비유였습니다.

우리는 '역동적인 균형'을 '평화'라고 해석하였습니다. 그런데 이러한 해석은 '갈등이 없는 고요한 상태'라는 사전적인 뜻과는 제법 차이가 납니다. 이차이를 설명하기 위해 평화의 개념을 이야기해 보겠습니다. 1950년대 평화학$_{Pasology}$에서는 전쟁처럼 직접적인 폭력이 없는 상태를 평화라고 했습니다. 전문 용어로는 '소극적 평화$_{Negative\ Peace}$'라고 합니다. 그런데 이런 개념으로는 편견이나 차별, 무시와 빈곤처럼 간접적인 폭력을 설명하기 어려웠습니다. 1960년대 국제평화연구소$_{PRIO}$를 설립한 갈퉁$_{Johan\ Galtung}$은 물리적인 폭력뿐만 아니라 간접적인 폭력까지 제거된 상태를 평화라고 보고 '적극적인 평화$_{Positive\ Peace}$'라는 개념을 만들었습니다. 두 개념 모두 평화의 사전적 의미와 일치하지만 이러한 분류가 오히려 평화의 개념을 이분법적으로 보게 하거나 결과중심으로 판단하게 해서 오해를 만들기도 합니다. 서로다른 문화적 배경을 가진 사람과 집단은 폭력을 해석하는 관점이 다를 수밖에 없기 때문에 모든 사람과 집단에 해당하는 '평화'라는 개념을 설정하는 것이 불가능합니다. 그런데도 '특정한 상태'만을 평화라고 한다면 상대주의 오류에 빠질 수 있는 것이죠. 나는 차별하지 않았지만 상대방은 차별받았다고 느낄 수 있고, 상대방의 친밀한 스킨십을 나는 폭력으로 받아들일수 있기 때문입니다. 더 무서운 일은 한 집단이 자신의 평화를 유지하기 위해 다른 집단에 폭력을 행사할 수도 있다는 것입니다.

이러한 문제를 극복할 수 있도록 평화의 개념을 다른 방식으로 제안해 보겠습니다.

첫째, 개인 수준에서 평화는 몸과 마음이 균형을 잡아가는 과정입니다. 몸과 마음은 연결되어 있기 때문에 몸이 균형을 잃으면 마음의 균형도 깨

어집니다. 그 반대도 마찬가지이고요. 그런데 몸이나 마음이 균형을 잡고 있는지 잃어 가고 있는지 알기가 어렵습니다. 오래전부터 몸과 마음의 조화를 강조한 동양 사상에서 이 문제를 해결할 실마리를 찾아보았습니다. 마음을 공부하는 '심학心學'을 연구한 조선시대 성리학자 퇴계 이황退溪 李滉 선생님은 몸과 마음의 건강을 다룬 『활인심방活人心方』에서 자기 몸의 감각을 성찰하면서 마음을 다스리면(활심治心, 수양修養) 병을 예방할 수 있다고 했습니다. 마음의 평화는 외부 조건의 만족에서 오는 것이 아니라, 나날이 자기 몸과 마음을 살펴 둘의 균형을 잡으려는 노력이 만들어 낸다는 것입니다.

그렇다면 '병'은 어떻게 생길까요? 몸이나 마음의 불균형을 균형이라고 착각하면 '병'이 됩니다. '거북목 증후군'이나 '척추 측만증'처럼 평소에 잘못된 자세의 문제를 느끼지 못하고 지내면 통증이 생기는 과정과 같습니다. 심리적으로는 상대방의 눈치를 지나치게 살피거나 의존하는 태도, 모든 문제의 원인을 자기 탓으로 돌리는 태도가 신체적인 무력감이나 우울증을 일으키기도 합니다. 〈완두콩 배의 롤라〉에서 롤라는 떠나간 아빠를 놓지 않기 위해 아빠의 키스 자국을 씻지 않습니다. 아빠의 부재를 인정하지 않는 불균형을 균형이라고 생각하기 때문에 내적인 갈등에서 벗어나지 못합니다. 하지만 엄마, 레빈, 쿠르트와 만나면서 자기를 성찰하게 되고, 삶의 균형을 잡아갑니다.

둘째, 관계 수준에서 평화는 상생을 추구하는 과정입니다. 인간은 관계 속에 살아가기 때문에 다른 사람의 시선에서 자유롭기 어렵습니다. 고프만Erving Goffman은 자아Self를 상호 구성적이라고 했습니다. 사람은 자기 의지와 다른 사람의 평가를 결합해서 자기 모습을 만들어 간다는 뜻입니다. 관계 수준에서 평화는 내 영역을 희생하거나 다른 사람의 영역을 침입하지 않으면서 서로 잘 살아가는 상태입니다.

　말이 조금 어렵습니까? 그렇다면 상생하지 못하는 관계를 예로 들어 설명해 보겠습니다. 다른 사람이 나에게 벽을 쌓고 있다고 생각하면(반대도 마찬가지입니다만) 어떻게 행동할까요? 그 사람의 평가가 두려워서 가까이 가지 못하거나, 그 사람을 비난하면서 관계를 벗어나려고 합니다. 전문 용어로 '고슴도치 딜레마'와 '행위자-관찰자 편향'이라고 부르지요. 이런 관계에서는 긴장과 오해가 쌓일 수밖에 없습니다. 영화에서 롤라는 친구들의 평가가 두려워서 쉽게 관계를 맺지 못하고, 레빈은 모든 사람을 경계하기 때문에 관계에서 벗어납니다. 롤라와 레빈이 마을 사람들과 상생 관계를 형성할 수 없었던 이유입니다.

　상생 관계를 형성하는 방법은 두 가지로 제안할 수 있습니다. 달리기에 비유하자면 내 속도에 맞추어 뛰거나 남의 속도에 맞추어 뛰는 것입니다. 내가 힘이 있으면 달리고, 힘들어지면 잠시 멈추어 회복한 뒤에 다시 달립니다. 가끔은 다른 사람의 속도에 맞추어 달려 봅니다. 학술 용어로는 '현실적인 자아'와 '이상적인 자아'의 거리를 좁히는 것입니다. 자기의 몸 상태를 살피며(현실적인 자아) 함께 달리는(이상적인 자아) 것입니다. 이 능력을 어떻게 기를 수 있냐고요? 아쉽게도 딱 떨어지는 구체적인 방법을 말씀드릴 수는 없습니다. 삶의 태도를 만드는 과정은 복근을 기르기 위해 윗몸일으키기를 하는 과정과는 다르기 때문입니다. 자기 내면을 성찰하여 두 가지 자아에 민감해지고, 실생활에서 두 자아의 거리를 좁히는 연습을 하면 '상생의 지혜'를 터득할 수 있을 것입니다.

셋째, 사회적인 수준에서 평화는 제도와 구조를 안정적으로 정착시켜 가는 과정입니다. 우리는 다른 사람과 관계를 맺으며 여러 모습의 공동체 속에서 살아갑니다. 문제는 공동체의 성격이 다양하고 복잡하며 그 성격이 변해 간다는 데 있습니다. 공동체의 성격을 분류하는 방법도 여러 가지라서 퇴니스Tönnies는 결합의지에 따라 공동사회와 이익사회로, 섬너Sumner는 소속감과 태도에 따라 내집단과 외집단으로, 쿨리Cooley는 접촉 방식에 따라 1차 집단과 2차 집단으로 분류합니다. 공동체의 욕망을 모두 채워 줄 수 있는 자원이 한정되어 있고, 때로는 공동체 사이에 발생하는 문제를 해결할 수 있는 확실한 대안이 없기 때문에 서로 다른 성격의 공동체는 다른 공동체와 갈등을 일으키기 쉽습니다. 〈완두콩 배의 롤라〉에서 볼 수 있는 민족이나 인종 간 문제, 이주민 문제, 가족 제도의 문제, 학교나 지역사회 수준에서 나타나는 문제가 모두 제도와 구조에서 나타나는 갈등입니다.

사회적인 수준의 평화는 공동체 시스템을 정착하는 노력과 성숙한 시민의 연대를 통해 만들 수 있습니다. 레빈이 학교에 다닐 수 있게 허락한 쿠바르트의 결단, 레빈의 엄마를 치료한 쿠르트의 용기가 이질적인 공동체의 경계를 허물었던 것처럼요. 〈완두콩 배의 롤라〉는 몇 사람의 노력으로도 공동체의 갈등을 해결할 수 있음을 보여 줍니다.

마지막으로 학교에서 평화를 가르치는 방향을 이야기해 보겠습니다. 평화 교육은 구성원의 성숙한 평화 의지와 실천을 지향해야 합니다. 하지만 현재 학교에서 이뤄지는 평화 교육은 대체로 평화의 개념 이해와 평화가 중요하다는 인식 교육에 머물러 있습니다. 학생들은 성장하는 과정에서 자연스럽게 평화의 의미와 중요성을 터득할 개연성이 높기 때문에 학교 평화 교육은 다른 차원에서 이뤄져야 합니다.

첫째, 개인 수준에서는 학생들이 몸과 마음의 균형을 조율할 수 있도록 내적인 능력을 길러 줍니다. 아이들이 여러 가지 상황과 맥락을 고려하여 몸과 마음을 의식하고 균형을 잡을 수 있게 돕습니다. 이 책에서 제안한 '균형 잡기' 활동은 평화와 균형을 의식하는 출발점이 될 수 있습니다.

둘째, 관계 수준에서 평화롭게 살아가는 과정을 배우고 실천하게 합니다. 학생들이 자신을 관계적 존재로서 자각하고, 서로 친밀한 관계를 만드는 데 관심을 가집니다. 친밀함이란 일방적인 희생을 강요하지 않고 상대방을 통제하지도 않는 관계지요. 이 책에서 제안한 '다섯 개의 질문'과 같은 형태는 관계를 자각하는 데 도움이 됩니다.

셋째, 사회적 수준에서 소통하는 능력을 기릅니다. 일상생활에서 개인과 개인, 개인과 공동체, 공동체와 공동체가 소통하는 과정과 방식을 깊이 살펴보면 도움이 됩니다. 성숙한 결정을 내리고 용기 있게 행동에 옮기는 연습을 하면 학생들의 시민의식이 높아질 것입니다. 이 책에서 제안한 '손가락 악수'는 소통 과정에 관심을 가지게 하는 활동이었습니다.

이제 글을 마무리하겠습니다. 이 책에서 제안한 활동들은 결국 평화의 가치를 자각하는 과정을 담고 있습니다. 학생들이 자신의 몸을 자각하는 데서 평화로운 삶이 출발한다는 배움을 얻었으면 좋겠습니다.

부록

감독 인터뷰 ⁷⁾

1. <완두콩 배의 롤라>를 짧게 설명해 주시겠어요?

롤라는 어머니와 '완두콩 배'에서 살아갑니다. 롤라의 친구는 늙은 선장 졸름 젠밖에 없지요. 아버지가 사라진 뒤 그녀는 학교에서도 겉돌기만 하죠. 어느날 두 가지 사건이 롤라의 일상을 뒤집어 버립니다. 하나는 롤라의 엄마에게 수의사 남자친구 쿠르트가 생긴 거죠. 쿠르트는 잘생겼고 성격도 좋았어요. 쿠르트와 롤라 엄마는 빠르게 가까워졌죠. 그러나 롤라는 아빠를 잊는 게 두려웠어요. 어떻게 해서든 둘 사이를 갈라놓고 싶었어요. 같은 시기에 롤라에게 비밀에 둘러싸인 친구 레빈이 나타났어요. 레빈은 부모님과 함께 내전 중인 쿠르드를 떠나 독일로 들어온 불법 체류자였죠.

---

7) 인터뷰는 2018년 9월 토마스 감독과 메일을 통해 주고받은 내용을 정리한 것이다.

2. 감독님이 좋아하는 등장인물은 누구입니까?

롤라의 엄마 로레타 라흐만이에요. 그녀는 롤라를 행복하게 해 주려고 늘 노력하고 롤라를 든든하게 지켜 주는 사람이니까요.

3. <완두콩 배의 롤라>는 동화를 각색한 영화입니다. 동화를 영화로 만들어야겠다고 생각한 까닭은 무엇입니까?

불법 체류자라는 심각한 이야기를 가볍고 유쾌하게 풀어냈기 때문이죠.

4. 어느 부분에 중점을 두고 원작을 각색하였습니까?

'사랑'과 '연민'만이 서로 다른 문화적 배경을 가진 사람들이 생활할 때 생기는 문제를 풀어낸다는 점에 중점을 두었어요.

5. 영화를 만드는 과정에서 생긴 에피소드가 있습니까?

마지막 장면에 롤라와 레빈이 가볍게 키스를 하는 장면이 나와요. 배가 흔들리는 바람에 둘의 키스 장면을 여러 번 촬영해야 했어요. 액션! 다시! 액션! 다시! 15번이나 찍었죠. 롤라에게 가장 힘든 장면이었을 거예요.

6. 이 영화를 유럽에서 상영했을 때 관객 반응은 어땠습니까?

아주 따뜻하고 흥미롭게 봐 주셨어요.

7. **2016년 부산국제어린이청소년영화제에서 <완두콩 배의 롤라>가 개막작으로 선정되었을 때 기분이 어땠습니까?**

제 인생에서 가장 멋진 순간이었죠. 정말 영광스러웠어요.

8. **부산국제어린이청소년영화제와 부산에서 어떤 느낌을 받았습니까?**

부산 시민과 영화제 스태프들이 다정하고 따뜻하게 대해 주셔서 감동하였어요. 부산은 참 아름다운 도시더군요.

9. **<완두콩 배의 롤라>를 볼 관객들에게 하고 싶은 말이 있나요?**

여러분이 전혀 풀리지 않을 것 같은 심각한 문제를 가지고 있다고 고민할 때, 이 세상 어딘가에는 여러분보다 더 크고 심각한 문제를 가진 사람들이 있음을 기억해 주세요.

* 토마스 감독이 한국에서 영화가 계속 상영될 수 있게 되어 자신과 가족 모두가 고마워한다고 사진을 보내왔습니다.

<완두콩 배의 롤라> 원작 소설

원작에서 출발한 영화들이 그렇듯이, 감독은 원작 소설의 스토리와 인물을 참조하지만 그가 만든 영화는 자신의 눈으로 새롭게 만든 작품이다. 감독은 원작 소설에서 영감을 받아 어떤 인물이나 사건을 더 드러내고 감출지 결정하고 새로운 이야기를 넣기도 한다. 〈완두콩 배의 롤라〉에서도 감독은 원작에 나온 인물의 비중, 사건, 전개를 재구성했다.

유럽에서도 호평을 받은 원작 소설은 2011년에 한국어로 번역되었다. 소설을 읽고 영화를 보거나 영화를 보고 소설을 읽으면 두 장르의 특징을 느낄 수 있다.

8)

지은이: 아네테 미어스바
그림: 슈테파니 하르예스
옮긴이: 김완균
출판사: 별천지(2011년)

---

8) 출처: 열린책들 출판사 홈페이지(http://www.openbooks.co.kr).

영화 읽기 수업 관련 영화

- 다음 영화는 네이버 영화 포털에서 감상할 수 있습니다.
- 무료로 제공되는 영화는 부산광역시교육청의 도움으로 교육용으로만 이용하실 수 있습니다.
- <두 개의 세상>은 2019년 11월부터 무료 공개할 예정입니다.
- <완두콩 배의 롤라>, <경극소년 리턴즈>, <두 개의 세상> 교사용 교재를 원하시는 분은 biky@biky.or.kr로 근무하는 학교명과 성함, 연락처(휴대전화번호, 이메일)를 주시면 PDF 파일로 보내 드리겠습니다.

버팔로 라이더 Buffalo Rider

- 감독: 조엘 소이슨 Joel Soisson
- 2015년 / 태국 / 드라마
- 제10회 부산국제어린이청소년영화제 상영작

엄마의 죽음에 충격을 받은 제니는 내성적이면서도 공격적이 되었다. 충격 요법의 일환으로 제니의 미국인 양아버지는 제니를 할머니가 계신 태국 중부의 오지로 보내 버린다. 제니는 자신을 낯선 행성에 갇힌 죄수라고 느끼며 지내다가, 분바드라는 말을 하지 못하는 시골 소년을 만난다. 동네에서 따돌림을 당하는 분바드의 유일한 친구는 아픈 물소, 삼리 이다. 영화 〈카라테 키드〉와 〈씨비스킷〉의 감동을 녹여낸 〈버팔로 라이더〉는 모든 것을 빨리빨리 떠나보내야 하는 현대 문명 속에서도 변 치 않는 무언가에 대한 이야기이다.

완두콩 배의 롤라_{Lola On The Pea}

- 감독: 토마스 하이네만_{Thomas Heinemann}
- 2014년 / 독일 / 가족영화
- 제11회 부산국제어린이청소년영화제 상영작

아버지가 사라진 후 친구들로부터 괴롭힘을 당하고 자신만의 세계에 빠져 지내는 아홉 살 소녀 롤라. 어느 날 엄마가 새로운 남자친구와 함께 나타나자 롤라는 엄마와 그 남자를 떼어놓으려 안간힘을 쓴다. 그러던 중 불법 이민자로 독일에 살고 있는 소년 레빈을 만나게 되고, 갑자기 롤 라의 삶에 문제가 생기기 시작하는데….

경극소년 리턴즈 The Wayang Kids

- 감독: 레이몬드 탄 Raymond Tan
- 2018년 / 싱가포르 / 코미디영화
- 제13회 부산국제어린이청소년영화제 상영작

중국에서 온 유라시안 소녀 바오어가 싱가포르의 초등학교로 전학 오게 되고, 자폐증 친구인 오펜을 만나면서 이 독특한 우정은 시작된다. 바오어는 오펜이 특별하다는 것을 금방 눈치채고 오펜의 아버지 쟈오티안에게 다른 부모들이 오펜에 대해 불평하더라도 오펜을 학교에 다니게 할 것을 부탁한다. 바오어는 오펜이 중국 경극에 특별한 재능이 있다는 것을 알게 되고 학교에서 열리는 국제 경극 대회에 오펜이 주연을 맡을 수 있도록 아버지에게 부탁한다. 그와 함께 이 전통 연극은 오펜의 마음이 세상을 향해 서서히 열리도록 해 준다.

두 개의 세상 Two Worlds

- 감독: 마치이 아다메크 Maciej Adamek
- 2016년 / 폴란드 / 다큐멘터리, 드라마

영화는 열두 살 코다(CODA: Children of Deaf Adults)인 라우라의 지금에 관한 이야기다. 농인 부모 사이에서 청인으로 태어난 라우라는 부모의 세상인 농문화와 세상 다수를 차지하는 이들의 문화인 청문화를 오간다. 입술 대신 손과 표정으로 말하는 부모는 지금까지 그랬듯 라우라와 함께 하고 싶다. 그러나 그녀에게 다가오는 사춘기와 코다로서의 정체성의 혼란은 농인인 부모가 쉽게 이해할 수 없는 것이다. 라우라에게는 청인 친구들에게도 털어놓기 어려운 코다로서의 고민들이 있다. 언어로도 쉽게 설명할 수 없는 것이다.

입시충Homo Examines

- 감독: 김재우
- 2016년 / 한국 / 다큐멘터리
- 제12회 부산국제어린이청소년영화제 상영작

입시를 앞둔 고교 3년생들의 불안한 일상과 후일담을 코믹하게 엮은 다큐멘터리 영화이다.

부산
국제
어린이청소년
영화제

Busan
International
Kids & Youth
Film Festival

BIKY

소개 및 역사

WE ARE
ALL UNIQUE
달라도 좋아!

"나와 키도 성별도 성격도 다른 내 친구,
우린 모두 서로 다른 생각과 행동으로 살아가요.
세상은 서로 다른 친구들과 모여 살아가기 때문에
더 흥미롭고 재미있는 것 아닐까요?"

부산국제어린이청소년영화제BIKY는 어린이와 청소년이 만나고 참여하는 우리나라를 대표하는 영화·영상 축제로서 국제 어린이·청소년 영화 네트워크의 구심점 역할을 하고 있습니다. BIKY는 어린이와 청소년이 영화를 보고 만들고 토론할 수 있는 마당으로 관객이 단순히 영화를 보는 데 그치지 않고 영화를 매개로 한 체험과 교육을 지향합니다. 수익만 중요하게 여기는 미디어 산업에 맞서 다양한 영화를 발굴하고 폭넓은 감상 기회를 제공하고, 어린이·청소년 영상 문화의 수준을 높이고 관객층을 확대하는 데 힘써 '유네스코 영화 창의도시 부산'의 이미지를 높이고 있습니다.

2005년, 부산국제어린이영화제Busan International Kids Film Festival: BIKI라는 이름으로 프리 페스티벌을 열어 6개 나라 45편의 영화와 어린이가 직접 만든 영화를 상영하며 영화제의 인프라와 프로그래밍 시스템을 갖추었습니다. 2006년 8월 15일부터 8월 19일까지는 '영화의 아이, 바다에 첨벙'이라는 슬로건을 내걸고 제1회 부산국제어린이영화제BIKI를 열었습니다. 19개 나라 102편의 영화 및 세계의 어린이가 제작한 영화를 함께 상영하였으며 430명의 게스트와 6,799명의 관객이 참여하였습니다.

해마다 규모를 키워 2015년 제10회 영화제에서는 청소년 부분을 추가하여 영화제의 이름을 부산국제어린이청소년영화제Busan International Kids & Youth Film Festival: BIKY로 바꾸었습니다. 2017년 제12회 영화제에서는 42개 나라 173편의 영화를 상영하였으며 12개 나라 292명의 게스트와 1만 5천명이 넘는 관객이 참여하였습니다.

BIKY에는 여러 가지 프로그램이 있습니다. 어린이와 청소년이 직접 제작한 영화를 상영하는 섹션에는 국제 경쟁 부문인 '레디~액션!'과 초청 부문인 '리본 더 비키'가 있습니다. 어린이와 청소년을 위한 초청 부문 장·단편 영화는 '나를 찾아서', '너와 더불어', '다름 안에서', '경계를 넘어서'로 주제별로 나누어 상영합니다. 또한 그해 영화제의 주제를 담은 '특별전'을 열며 '야외극장-달빛별빛' 섹션으로 야외 상영도 합니다. 부대 행사로 영화 관련 국제 포럼, 국제 청소년 영화 캠프, 어린이·청소년 영화인의 밤, 영화 제작 체험, 영화 놀이터, 영화 읽기를 비롯한 교수법에 관한 교사 직무 연수를 진행합니다. [9]

---

9) 프로그램은 해마다 달라질 수 있다. 최근 정보는 BIKY 홈페이지(http://biky.or.kr)에서 확인할 수 있다.

BIKY의 슬로건은 '달라도 좋아!'입니다. 영화제에 참여한 어린이와 청소년이 서로 개성을 존중하고 다름을 인정하길 바라기 때문입니다. BIKY는 서로 다른 사람들이 주체로서 당당하게 살아가는 세상을 꿈꿉니다.

상영 프로그램

BIKY

섹션별 소개

① 레디~액션!12/15/18 Ready~Action! 12/15/18

비키가 자랑하는 국제 경쟁 부문으로 만 18세 이하의 청소년이 직접 만든 작품을 상영하며 지금까지 약 50여 개 나라에서 참여하였습니다. 어린이청소년 집행위원의 예선 심사를 통해 선정된 40편의 작품이 영화제 기간 동안 상영되며, 어린이와 청소년으로 구성된 국내외 심사위원의 심사를 통해 칭찬하고 격려하고 응원합니다. 그뿐만 아니라 시상식도 어린이청소년 집행위원이 직접 진행합니다.

② 너와 더불어 Staying Together

공동체 안에서 일어나는 갈등과 화합을 다룬 섹션입니다. 가족의 사랑, 친구와의 우정, 그 안에서 성장하는 우리들. '너와 더불어'는 함께 어울려 살아가는 따뜻한 세상을 꿈꾸는 영화를 모았습니다.

③ 나를 찾아서 Finding Myself

내 안의 수많은 나, 진정한 나를 찾아서 여행을 떠나는 섹션입니다. 나만의 정체성을 찾아가기도 하고 알 듯 말 듯한 성에 대해서도 탐색해 봅니다. 나와 너의 환경을 이해하는 데 도움이 될 영화를 모았습니다.

④ 다름 안에서 Embrace the Difference

차별이 되지 않는 차이, 다름을 껴안는 포용을 꿈꾸는 섹션입니다. 세상을 가득 메우고 있는 수많은 차이는 때로는 갈등을 불러오기도 합니다. 우리의 생김새가 모두 다른 것만큼이나 차이가 존재하는 것은 당연하지만, 그 차이를 존중하기란 쉽지 않습니다. 다양성을 받아들이고 더불어 함께 하기를 꿈꾸는 영화를 모았습니다.

⑤ 경계를 넘어서 Beyond the Boundary

신나는 모험과 설레는 미래에 대한 상상이 가득한 섹션입니다. 일상의 문밖을 나서면 만날 수 있는 새로운 세상. 그 멋진 세상으로 안내하는 영화를 모았습니다.

⑥ **아시아 파노라마**Asian Panorama

매년 주목할 만한 아시아 영화들을 만날 수 있는 섹션입니다. 다름의 미학을
담은 영화들을 통해, 더불어 함께하는 아시아를 꿈꿉니다.

⑦ **특별전**Special Program

하나의 특별한 주제로 묶인 장·단편 초청작 모음입니다. 특히 어린이·청소년
영화 제작을 이끄는 국가별 최신작을 만날 수 있습니다.

⑧ **리본 더 비키**Reborn the BIKY

어린이·청소년들이 직접 만든 영화를 상영하는 비경쟁 초청 부문입니다. 학교
에서 만든 영화뿐만 아니라 지역의 미디어센터, 커뮤니티, 공부방 등 학교 밖
에서 만들어진 다양한 영화들도 소개합니다.

⑨ **야외극장-달빛별빛**Open Cinema-Moonlight Starlight

밤하늘 아래, 온 가족이 함께 영화를 관람할 수 있는 섹션입니다.

상영 이벤트

① **배리어 프리**Barrier Free-Films

자막을 읽기 어려운 유아와 시청각 장애가 있는 관객을 위해 보조 장치를 활용
해서 화면 해설을 자막과 소리로 즐길 수 있도록 해 주는 서비스입니다.

② 영화 읽기_{BIKY Reads}

영화를 보고 나서 비키 프로그래머와 함께 영화의 주제를 넓히고 생각을 깊게 하는 시간으로, 영화를 통해 세상을 이해하고 감성을 더욱 키워나가게 됩니다.

③ 라이브 더빙_{Live Dubbing}

자막을 읽으며 영화를 보는 데 어려움이 있는 관객과 자막 읽기 없이 영화에 몰입하고 싶은 관객을 위해 성우가 실시간으로 자막을 읽어 줍니다.

④ 관객과의 대화_{Guest Visit}

영화 종료 후 감독 및 제작진, 배우를 만나는 시간으로 영화를 보면서 궁금했던 점을 질문하고, 다른 친구들의 생각은 어떠한지 들어볼 수 있습니다.

교육 프로그램

① 영화 포럼_{BIKY Forum}

세계 여러 나라의 어린이, 청소년 영화제와 영상 문화 사업 관계자, 교육 현장의 선생님들과 함께 미래 세대의 문화적 성장을 위해 영화가 할 수 있는 일과 영화제 간의 연대와 협업을 모색하는 자리입니다.

② **영화 제작 캠프** Busan International Youth Film Camp

국내외 청소년(만 13~18세)이 함께 모여 4박 5일의 기간 동안 단편영화 한 편을 제작하는 활동입니다. 부산국제어린이청소년영화제와 부산아시아영화학교가 함께 주최하며, 영화를 보는 것에만 그치는 것이 아니라 '영화'라는 장을 통해 청소년들이 직접 참여하고 서로의 문화를 이해하며 공감대를 형성해 나가는 워크숍 프로그램입니다.

참여 행사[10]

① **포스터 공모전** BIKY Poster Drawing Contest

만 12세 미만의 아이들이 참여하는 포스터 공모전을 유네스코 영화 창의도시와 함께 진행합니다. 아이들의 상상력과 재치가 가득한 작품 중에서 20편을 골

---

10) 영화제 기간 주말에 운영된다.

라 그해 비키의 메인 포스터를 만듭니다. 모든 수상자에게는 영화제 상영작을 자유롭게 관람할 수 있는 프리패스 및 게스트 패키지를 제공합니다.

② **필름 앤 펀**Film & Fun

단편영화를 보고 발도 쿵쿵 구르고 소리도 지르는 등 영화 속의 인상적인 장면을 다양한 도구와 신체활동으로 직접 재현해 보는 활동입니다. 유치원생(5세 이상)부터 초등학교 저학년까지 참여할 수 있습니다.

③ **나도 성우다!**I'm a voice actor, now!

전문 성우 선생님과 함께 하는 애니메이션 더빙 체험으로 짧은 애니메이션을 보고 목소리 연기를 해보며, 내 목소리가 캐릭터에 입혀지는 과정을 배우는 프로그램입니다. 초등학교 고학년 학생들이 참여하는 프로그램입니다.

④ **시네마스포츠**Cinemasports

영국의 젊은 독립영화 감독이 만든 필름메이킹 서바이벌 프로그램입니다. 해마다 새로운 요소를 바탕으로 하루 동안 영화를 제작합니다. 초등학교 고학년을 대상으로 하는 프로그램입니다.

영화 창의도시 부산

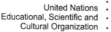

United Nations
Educational, Scientific and
Cultural Organization

Busan - City of Film
Designated Unesco Creative City
in 2014

1996년에 첫발을 내디딘 부산국제영화제는 아시아 최고의 영화제로 자리매김했습니다. 세계적 수준의 인프라와 전문적인 인적 자원과 함께, 현재 부산은 영화 산업의 모범 사례Standard Setter로 인정받고 있습니다. 부산국제영화제의 성공적인 성장을 기념하기 위하여 설립된 부산 영화의 전당은 영화 도시로서 부산을 상징하고 있습니다. 1999년 설립된 부산영상위원회는 기획, 제작, 배급 등 영화 제작 과정을 아우르는 완벽한 영화 제작 네트워크를 제공하고 있습니다.

2014년 유네스코 영화 창의도시로 지정된 이래, 부산은 타 가입 도시와 영화제 교환 프로그램, 영화 인력 양성을 위한 국제적 협력 프로그램, 시민과 학생들을 위한 영화 교육, 타 분야 가입 도시들과의 협업 등의 협력 사업을 진행해 오고 있으며, 이는 부산이 지닌 아시아 영화 네트워크 프로그램을 국제적 수준으로 성장하게 해 주었습니다. 나아가 부산은 유네스코 영화 창의도시 네트워크 관계자를 포함한 모든 이들이 문화적 지

능을 함양할 수 있도록, 부산이 지닌 창의적 활동에 접근할 기회를 제공하고자 노력하고 있습니다.

유네스코 창의도시 네트워크(UCCN)

유네스코 창의도시 네트워크는 '창의성을 지속 가능한 도시 발전의 전략 요소로 하는 회원 도시 간 국제 연대 및 협력 강화'로 도시 간 협력 촉진을 목적으로 두고 있으며, 2004년 '문화성을 위한 국제 연대 사업'의 일환으로 시작되었습니다. 유네스코 창의도시 네트워크는 각 도시의 문화적 자산과 창의력에 기초한 문화 산업을 육성하고 도시 간의 협력과 발전을 도모함으로써 회원 도시들의 경제적·사회적·문화적 발전을 장려하고, 나아가 유네스코가 추구하는 문화 다양성을 제고시키는 데 목적을 두고 있습니다.

유네스코 창의도시 네트워크는 공예 및 민속 예술, 문학, 영화, 음악, 디자인, 미디어 예술, 음식 총 7개의 분야를 가지고 있으며 2018년 7월 현재 총 72개국 180개 도시가 네트워크에 참여하고 있습니다.

유네스코 영화 창의도시

2009년 영국 브래드포드를 시작으로 2010년에는 호주 시드니, 2014년에는 부산과 함께 아일랜드 골웨이, 불가리아 소피아가 영화 창의도시로 지정되었습니다. 2015년에 영화 창의도시로 지정된 도시는 브라질 산토스, 이탈리아 로마, 그리고 마케도니아의 비톨라가 있으며, 2017년에는 5개의 도시 — 중국 칭다오, 영국 브리스톨, 일본 야마가타, 폴란드 우츠, 스페인 테라사 — 가 영화 창의도시로 지정되면서 총 12개국 13개 도시가 유네스코 영화 창의도시로 활동하고 있습니다.